La philosophie est une réflexion pour qui toute matière étrangère est bonne, et nous dirions volontiers pour qui toute bonne matière doit être étrangère.

Georges Canguilhem

la triste esthétique

Fabio MERLINI

la triste esthétique
essai sur les catastrophes
de l'immédiateté

Traduit de l'italien par Luc Hersant

VRIN
Matière Étrangère

Directeurs de collection :
Bruce Bégout et Étienne Bimbenet

© Librairie Philosophique J. VRIN, 2018

Imprimé en France

ISSN 1961-8336

ISBN 978-2-7116-2808-7

www.vrin.fr

À Giovanni,
qui a regardé les choses en face

tristesses de la beauté
et de l'accélération

attristés

Le titre de cet essai fait écho à l'expression qu'on emploie fréquemment aujourd'hui – et cela se comprend – pour désigner la science économique : *dismal science.*

Mais si cette expression est désormais rentrée dans le langage courant, c'est avec quelque imprudence, car on ignore le plus souvent le contexte dans lequel elle a été forgée : à savoir le débat assez malsain qui s'est tenu sur l'esclavage durant les années immédiatement postérieures à son abolition dans l'empire britannique (1833). Et, surtout, on ignore l'utilisation ignoble qu'en a faite son auteur, l'écrivain victorien Thomas Carlyle. Elle apparaît pour la première fois dans un article anonyme publié en 1849 et republié quatre ans plus tard sous le nom de l'auteur, avec quelques-uns de ses autres pamphlets. Ce texte – auquel John Stuart Mill répondra l'année suivante sans mâcher ses mots – consiste en un répugnant catalogue des préjugés raciaux contre la population noire, accusée de ne pas savoir profiter de la liberté qu'elle a finalement obtenue, sous prétexte que son indolence congénitale la rendrait totalement incapable de s'engager dans quelque travail que ce soit sinon sous la contrainte. Il y a donc là une odieuse apologie de l'esclavage, et aussi une féroce et intolérable critique de son abolition, que son auteur développe en constatant les effets de l'émancipation des esclaves sur la possibilité de disposer d'une main-d'œuvre compétitive dans les plantations de canne à sucre des colonies anglaises. De ce point de vue, il s'agit assurément d'un écrit à oublier, quand on le compare à toute une production littéraire qui, on le sait, est en revanche absolument digne d'admiration. Et pourtant ce texte mérite quand même une certaine attention.

Même si c'est dans le cadre d'un discours écœurant, il n'en reste pas moins vrai que, près de vingt ans avant la publication du livre I du *Capital* de Marx, Carlyle, ce penseur conservateur, correspondant et traducteur de Goethe, dénonce sans ménagement les excès néfastes d'un capitalisme effréné et déséquilibré soutenu par les théories économiques alors émergentes – "effréné" dans ses appétits et "déséquilibré" dans ses mécanismes de redistribution. Il y aurait donc selon l'auteur quelque chose de « triste » ou de « lugubre » – quelle que soit la manière dont on voudra traduire l'adjectif « *dismal* » – dans cette économie qui, alliée à une conception abstraite des droits humains et de la liberté, se révèle totalement incapable de protéger la société contre certains intérêts qui ont perdu tout sens de la communauté. L'accusation porte ici, très précisément, sur la prétention d'une science qui croit pouvoir expliquer les comportements humains et leurs motifs sur la base d'un simple mécanisme de la demande et de l'offre, suivant un modèle qui non seulement se désintéresse des conditions matérielles réelles des milieux de vie et des personnes qui y habitent, mais qui se compromet également avec une conception de la liberté totalement abstraite – et donc parfaitement indifférente à la réalité concrète de son exercice.

L'expression « *dismal science* », précisons-le, n'est pas le double "inversé" de la *Gaia scienza* (le *Gai Savoir*) de Nietzsche, puisque cet ouvrage ne paraîtra que trente-trois ans après la publication de l'article de Carlyle. Elle constitue bien, en revanche, une variation sur cette *gaya scienza*, ce *fin'amor* ou ce *gaio saber* qui définissent l'amour courtois des troubadours provençaux du Moyen Âge. Tout un style poétique fondé d'abord sur l'idéalisation de l'amour et donc de la figure inaccessible de la femme aimée, à la fois froide et sensuelle, qui entendait souligner l'émergence d'un monde où les mœurs et les sentiments chevaleresques devenaient plus raffinés – ou tentaient du moins d'en donner l'impression. Et c'est peut-être précisément en songeant à un tel processus que Carlyle parle de « triste science » à propos des effets brutaux de la science de l'offre et de la demande. Dans son alliance avec un libéralisme philanthropique équivoque, l'économie ainsi diabolisée par Carlyle constituerait en effet une sinistre menace pour le monde civilisé lui-même : une provocation occultée par l'illusion du progrès.

(an)esthésiés

Mais pourquoi une « triste esthétique » ? Parce qu'elle est assurément « triste », cette esthétique qui, dans son alliance avec le « mauvais infini » de l'accumulation illimitée – c'est-à-dire avec l'idée que le profit peut croître sans fin et sans mesure en raison de son indépendance absolue par rapport au monde naturel et au monde social –, esthétise tous les objets en utilisant le pouvoir de séduction de leur belle apparence afin de masquer des processus de production et des conditions de travail insoutenables, pour ne pas dire obscènes. Sous l'esthétique innovante de notre actuelle mondanité hypermodernisée se cachent fréquemment des situations de vie "barbares", où règnent le néo-esclavagisme et l'indifférence aux droits du travail, à la viabilité du paysage environnant et, de manière générale, à tout l'écosystème. Il y a donc, au cœur même de l'innovation, la réactualisation spéculative de toute une histoire de violations refoulée, en son temps, par les idéaux d'émancipation de la société moderne. Elle est donc bien « triste », cette esthétique dont s'empare – pour créer un continuel *appeal* – une telle innovation qui s'affirme en exploitant stratégiquement des processus qui ne relèvent pourtant pas d'une temporalité historique uniforme : cette esthétique, autrement dit, où les connaissances et les techniques les plus raffinées et les formes les plus séduisantes sont rendues compétitives par le recours cynique à des ressources qui font l'objet d'utilisations "hors de tout contrôle", indifférentes aux valeurs et aux droits dans lesquels notre culture affirme se reconnaître dans la mesure où ils sont le résultat d'une histoire glorieuse et douloureuse de revendications et de conquêtes.

Ainsi existe-t-il une *triste esthétique* comme il existe une triste science. Et son principal allié, quand il s'agit de diffuser des produits à grande échelle, c'est un *design* qui fait sien le mécanisme même par lequel la mode consume le temps de l'apparition, de l'utilisation et de la consommation des objets.

immédiats

Dès lors, c'est peut-être la notion d'*immédiateté* qui permet plus que toute autre de rendre compte de la nature des dispositifs dont dépend la possibilité de s'approprier une telle actualité illusoire. Qu'est-ce que l'immédiateté ? L'instantanéité de l'événement indifférente au temps ; le départ et l'arrivée saisis simultanément ; le surgissement sans interpositions et sans intervalles, qui méprise toute hésitation. Est "immédiat" ce pour quoi il n'existe aucun "entre-temps", sous le règne de la prise directe, et dans un cadre où le monde lui-même peut être rendu accessible sans interférences. Pour le dire dans les termes de Hegel, il est l'expression d'une « répulsion horrifiée » envers la médiation.

Mais qu'on nous comprenne bien : personne n'entend contester les extraordinaires avantages de l'immédiateté. Dans une société de l'accélération extrême, l'*immédiateté* et l'*efficacité* sont presque synonymes, et à juste titre : il suffit de songer aux divers processus d'information et de connaissance dans lesquels l'une et l'autre vont de pair – qu'il s'agisse de la médecine urgentiste et de la diagnose, ou de la foudroyante élaboration d'informations et de données ou encore de la concertation en cas d'urgence.

Mais ne peut-on parler aussi des risques ? On se référera alors aux contradictions d'une société où l'accélération dévore toute "mise à distance" des situations et où la course à l'immédiateté devient l'expression d'une "obsession présentiste" qui réduit à néant toute possibilité d'instaurer un espace de mise en suspens et une différence entre le monde et soi-même. Du reste, seule une société pauvre en temps – où, précisément, "on n'a jamais le temps" – et constamment gouvernée par la consommation instantanée des images, des messages, des informations, des formes et des objets, pouvait définir comme "réel" ce temps qui s'autodétruit. Pour une société qui mesure à travers l'accélération aussi bien la valeur que la qualité de ses performances et qui utilise l'immédiateté comme le ressort de la production de la valeur – dans le droit fil de la révolution des machines et de la motorisation (où plus de rapidité égale plus de productivité, et plus de productivité égale une plus grande valeur) –, l'accès au sens ne peut être que de l'ordre de l'instantanéité. Ce sens est ponctuel, évident, immédiatement accessible : c'est un sens qui parle de lui-même. Car le sens se voit attribuer aujourd'hui la même iconicité que celle des innombrables images dont se nourrissent nos existences.

Ce que l'on constate en tout cas clairement, c'est que, là où domine l'impératif de l'accélération, on voit disparaître le temps de la durée, c'est-à-dire cette modalité du temps qui privilégie la diachronie à la synchronie, en tant qu'accumulation lente et progressive. Il y a alors un déclin de notre capacité à nous recueillir en un centre. Et notre distraction actuelle a tout à voir avec un tel *déficit*. La culture de l'immédiateté est source d'excitation, mais la réflexion, l'introspection et la mémoire empruntent une autre voie.

chapitre 1
enchantements et dystopies

portables, poids lourds
et gaz d'échappement

La route qui, depuis le parking le plus proche, permet de rejoindre à pied la propriété de la Fondation Eranos, à Ascona, offre à qui l'emprunte un spectacle d'un charme bouleversant. Une végétation luxuriante vient lécher les bords du lac, sans empêcher cependant ni la vue des montagnes qui le surplombent ni celle de leurs reflets sur sa surface. Mais la beauté du panorama n'a d'égale que la dangerosité du parcours. Construite en d'autres temps, dépourvue de trottoir, la route n'est absolument pas en mesure de supporter l'intensité d'un trafic quotidien dans les deux sens, et encore moins de permettre la présence des rares et téméraires piétons qui décideraient de s'y aventurer. À tout moment, la plus grande prudence s'impose.

Sur cette portion de route, comme cela se produit désormais indifféremment en tout lieu, il peut évidemment arriver qu'on reçoive un message sur son téléphone portable, peut-être même de la part d'un collègue argentin – auquel cas, tout en lui répondant, on ne peut s'empêcher de réfléchir à l'extraordinaire efficacité des communications par voie hertzienne, à leur inconditionnelle rapidité. Au même moment, cependant, on se prend tout aussi spontanément à comparer la rapidité et la légèreté du trafic propre à ce type d'échanges en temps réel avec la lourdeur du trafic par voie routière, toujours plus congestionné. Ils ne semblent pas appartenir au même monde – et c'est en cela que consiste la non-contemporanéité du contemporain –, bien qu'ils aient assurément en commun de contribuer tous deux à la croissance du PIB.

Et si jamais, précisément pendant qu'on est perdu dans de telles pensées, il arrive par surcroît qu'on soit dépassé par un poids lourd, en se retrouvant à portée de son gaz d'échappement, la réflexion qu'on avait entamée prend alors encore un autre tour. Comment – se demande-t-on – une telle *divergence dans l'aptitude à absorber l'innovation* est-elle possible? D'un côté, l'excellence et l'hyperperformance (mais jusqu'à quel point? Nous le verrons plus loin); de l'autre, l'arriération la plus éhontée, puisque ce qui alimente le camion est, en substance, la même source d'énergie déjà utilisée pour ses ancêtres près d'un siècle plus tôt. Mais, en ce cas, où se situe donc le développement? Certes quelques ajustements ont été apportés entre-temps pour améliorer le rendement énergétique, pour augmenter l'efficacité de la consommation, pour assurer une plus grande sécurité, pour offrir davantage de confort et de vitesse. Mais de quelle innovation s'agit-il, si ce qui compte vraiment – le système de propulsion ou, plus précisément, le moteur à combustion interne – est demeuré fondamentalement inchangé malgré toutes les améliorations apportées depuis? « Inchangé », en effet, si l'on considère la dépendance séculaire de son carburant à ce combustible fossile qu'est le pétrole brut. De même, où réside donc l'innovation dans l'automobile de dernière génération qui nous frôle aussitôt après et dont la publicité, non contente de vanter ses prestations, proclame également son extraordinaire aptitude à nous procurer des sensations à fleur de peau ?

L'innovation se réduit ici, nous semble-t-il, à un perfectionnement des services et des gadgets susceptibles de renforcer l'estime de soi d'un ego chez qui la poursuite de la jouissance narcissique est devenue l'un des principaux moyens d'affirmation, de reproduction et d'expansion des sociétés avancées. Non que ce "principe d'innovation" ne constitue pas un incroyable facteur de développement, bien au contraire – ainsi que nous pouvons le voir dans tous les objets auxquels nous avons affaire. Mais, dans le cas qui nous occupe, tout se passe comme si, à travers la présence simultanée d'objets et de processus ne partageant pas le même *Zeitgeist*, la non-contemporanéité du contemporain, c'est-à-dire la superposition de temps historiques différents, se condensait en une seule et même réalité.

On admire le bolide qui nous frôle, on est renversé par la puissance de son moteur, on subit sa fascination et l'on songe, désespéré, à la voiture qui nous attend au parking, avec la résignation de celui qui, tel le célèbre renard de la fable d'Ésope, a désormais renoncé à lutter. C'est pourtant justement dans cette puissance que se niche la contradiction d'une innovation qui est en même temps une régression – pire : la contradiction qui se sert de l'innovation pour masquer la régression et pour se dissimuler dès lors comme contradiction. Plus de confort, plus de vitesse, plus de sécurité, plus de plaisir et plus d'émotions : voilà ce qui se donne à voir et ce qui nous est offert. Mais c'est précisément la splendeur d'une telle manifestation qui fait écran à ses coûts sociaux et environnementaux.

Ce tour de passe-passe n'est pas nouveau puisque, dans ce chef-d'œuvre inachevé qu'est son *Paris, capitale du XIXᵉ siècle*, Walter Benjamin pouvait déjà parler en termes marxiens de *transfiguration fantasmagorique*, en se référant au caractère enchanteur des articles de luxe exposés dans les « magasins de nouveautés » des passages parisiens au XIXe siècle[1]. Avec cette expression, il voulait justement parler de l'astuce et du savant enchantement[2] grâce auxquels un bien-devenu-marchandise (au terme d'une opération dont Marx nous enseigne qu'elle est déjà elle-même quelque chose de considérable) soustrait à notre vue la nature dystopique du système de production dont ce bien est issu, à savoir le caractère inéquitable de son mode de distribution et les côtés indécents de son organisation du travail, autrement dit son « Enfer » : ainsi une non moins *triste esthétique* vient-elle ici accompagner la *dismal science* des rapports marchands abstraits, pour reprendre l'expression de Thomas Carlyle[3] (mais sans la signification raciste que lui avait donnée l'écrivain victorien).

Ce qui est nouveau, en revanche, c'est l'amplification de cette *fonctionnalité dysfonctionnelle* qui paie l'innovation avec la monnaie de la régression, dans le monde naturel comme dans le monde social, en provoquant ainsi des conséquences mortelles pour le climat, pour les sols, pour l'atmosphère et pour des espèces entières. « Dysfonctionnelle » précisément dans la mesure où, parmi les conditions de possibilité et de développement mêmes de l'esthétique, du *design* et de la technologie des objets et de nos milieux de vie, il y a aussi une certaine barbarie dans leur façon d'attaquer et de perturber d'une manière irréversible les personnes et les habitats. « Dysfonctionnelle » parce que, justement en raison des pressions qui sont exercées, nous avons ici affaire à une efficacité qui présente au moins deux contradictions. D'une part, la radicalisation extrême du principe de performance est

---

1. *Cf.* W. Benjamin, *Paris, capitale du XIXe siècle. Le Livre des Passages*, « Exposé de 1935 », trad. fr. J. Lacoste, Paris, Cerf, 2009, p. 35-46.

2. Le passage est également défini par Benjamin comme « la rue lascive du commerce » (« Notes et matériaux », A, « Passages, magasins de nouveautés, calicots », p. 73).

3. *Cf.* T. Carlyle, *An Occasional Discourse on the Nigger Question* (1849).

contradictoire parce que dévastatrice sur le plan social comme sur le plan économique dès qu'on réfléchit aux énormes coûts financiers de ce qu'on appelle les « externalités ». D'autre part, cette radicalisation entre en contradiction avec l'habitabilité même de cette *arche-originaire Terre* que, dans des pages d'une remarquable audace théorétique, le dernier Husserl aurait souhaité arracher au regard unilatéral de l'astrophysique et de la physique atomique, et à leur prétention de pouvoir atteindre, en passant par des « degrés de perfection relatifs », la « vérité absolue du monde »[1].

la régression dans le développement

On songe alors de nouveau au camion qui nous a dépassés et on peut en saisir aussitôt le caractère anachronique, parce que, dans son cas, l'*eidos* et l'*eidolon*, l'essence et l'apparence, la vérité et l'image de la chose se présentent simultanément et sont donnés ensemble : le passé de la technique et le présent de la technologie appartiennent à la même apparition. De sorte que, en généralisant, on peut effectivement affirmer que *dans ce cas-là* la "société de l'innovation" exhibe immédiatement la dimension d'arriération qui la traverse – autrement dit son propre *négatif*.

Mais ce n'est plus le cas, en revanche, quand l'*eidolon* occulte son *eidos* et la vérité antinomique qui le caractérise. Nous voyons la puissance et l'efficacité de l'automobile ou bien celles de l'écosystème analogique et immatériel qui nous entoure (*smartphones*, tablettes, ordinateurs etc.), mais nous ne voyons pas immédiatement ce qui fait également d'eux les éléments d'une dystopie sociale et environnementale : la voracité dont ils

---

1. E. Husserl, « L'arche-originaire Terre ne se meut pas », dans *La Terre ne se meut pas*, trad. fr. et présentation de D. Franck, J.-Fr. Lavigne et D. Pradelle, Paris, Minuit, 1989, p. 25.

font preuve à la fois sur les plans de l'énergie, du surtravail et de la plus-value. Pour que nous soyons en mesure de les reconnaître, il nous faut effectuer un certain nombre de mises en suspens. Nous devons par exemple apprendre à faire taire leur pouvoir de séduction, leur irrésistible *sex-appeal*, mais aussi et surtout notre désir persistant pour tout ce qui permet d'accéder au succès, à la reconnaissance et au prestige sociaux, autrement dit les éléments-clés de notre socialisation actuelle. Alors seulement ils nous apparaissent pour ce qu'ils sont : non seulement des véhicules de richesse-et-développement, mais aussi, dans le même temps, des véhicules de pauvreté-et-régression.

En ce qui concerne ces biens et leur diffusion, nous avons été éduqués à percevoir leur aspect épique, c'est-à-dire – pour être clair – cette dimension si parfaitement représentée par le génie créatif de la Vallée Santa Clara en Californie, plus connue de tous sous le nom de « Silicon Valley ». Il nous est en revanche presque impossible, concernant le type de pratique contraignant et immersif engendré par leur utilisation, d'en percevoir l'arriération ou – quand bien même cela serait possible – d'exploiter ensuite cette perception en nous soustrayant à leur puissant et irrésistible *appel à l'utilisation*. L'arriération dont nous parlons ici a plusieurs visages : elle peut se manifester à travers des conditions de travail néoprolétaires, ou à travers un travail industriel pré-*welfare*, ou encore à travers une mobilisation cognitive épuisante et, dans tous les cas, à travers une temporalité encore globalement prise dans une conscience historique (de la croissance, du développement, de l'augmentation) qui, malgré ses belles paroles, se révèle à l'épreuve des faits largement indifférente à son impact dévastateur sur la nature, surtout quand sont en jeu la production et la consommation.

Certes nous percevons l'obsolescence dont pâtissent les biens auxquels nous avons affaire : mais nous ne la découvrons qu'à travers le double filtre de la mode (en vertu d'un principe qui, comme nous le verrons plus loin, peut être théoriquement étendu à presque toutes les marchandises) et du perfectionnement fonctionnel de ces biens. On examine le *design* de la voiture qu'on a acquise il y a quatre ans et on ressent déjà la nécessité d'un *restyling* : sa ligne n'est plus au goût du jour, la forme des phares est démodée, la grille de ventilation n'est pas assez dessinée et l'aménagement intérieur est largement dépassé. De même trouve-t-on tout aussi inadaptées les applications, la vitesse de réaction, l'aptitude à intégrer les services et les fonctions dans le téléphone portable de l'avant-dernière génération que – déjà un peu irrité – on tient entre ses mains. Tout fonctionne encore parfaitement, et pourtant tout apparaît en même temps comme déjà dépassé, prêt à être remplacé, obsolète.

Mais telle n'est pas l'obsolescence qu'il nous faut apprendre à savoir reconnaître. L'obsolescence comme vieillissement accéléré des instruments, des objets et des prothèses est une savante construction du marché. Elle est la ruse au moyen de laquelle une société qui se veut innovante à tout prix fascine les regards tournés vers ses produits, afin d'en assurer le remplacement dans un mouvement incessant, où l'innovation et l'obsolescence sont contenues l'une dans l'autre et sont la condition l'une de l'autre. Dès lors, s'il y a une chose à faire, c'est justement de soustraire ces produits au conditionnement de cette fausse obsolescence, en cessant de les percevoir comme dépassés, même si la pression irrésistible des modèles de nouvelle génération se fait déjà sentir.

Ce qu'il conviendrait cependant de reconnaître en premier lieu, c'est l'arriération de ces biens innovants dont la mise en place et la diffusion sur le marché impliquent, entre autres, des conditions de production et de consommation d'un autre âge (pour ne pas dire "barbares"), c'est-à-dire non seulement incompatibles avec les idées de justice sociale et de développement écologiquement durable qui nous permettent théoriquement de percevoir et de reconnaître les effets vertueux de la civilisation, mais aussi incompatibles avec le potentiel cognitif et patrimonial que possèdent, souvent sans réussir à le libérer, les sociétés avancées.

Avec cette catégorie d'objets, l'occultation de l'arriération est une manœuvre indispensable pour réussir à garantir tantôt leur exclusivité (quand il s'agit de biens positionnels), tantôt leur nécessité (quand il s'agit de biens d'usage). Inversement, en apprenant à les voir comme dépassés, à les percevoir comme obsolètes dès leur création, on serait amené à les dévaloriser sans avoir à en faire (mauvais) usage, sans avoir à les désirer d'abord pour ensuite les laisser tomber parce qu'on a reporté son désir sur le tout nouveau modèle (car il y a toujours un tout nouveau modèle en embuscade) : autrement dit, sans avoir à assigner au temps et à son accélération – un temps aujourd'hui extrêmement bref qui se réduit à quelques années – le processus qui conduit à leur déchéance.

En tant qu'instrument d'une reproduction hypertrophiée des marchandises comme des besoins et des désirs (mais aussi, par voie de conséquence, des déchets), le dispositif de la mode est précisément ce dont finirait par nous débarrasser une telle "pédagogie de l'obsolescence", grâce à laquelle nous pourrions saisir l'intempestivité d'une marchandise *avant même* cette exaspérante pression du temps sur les choses que la mode exerce avec une si extraordinaire efficacité. Malgré l'admirable leçon de Nietzsche[1], il y a aujourd'hui une inactualité que nous devons apprendre à reconnaître comme le scandale de l'innovation.

---

1. *Cf.* F. Nietzsche, *Considérations inactuelles*, II (« De l'utilité et de l'inconvénient de l'histoire pour la vie »), *Œuvres*, trad. fr. J. Lacoste et J. Le Rider (dir.), Paris, Robert Lafont, 1993, vol. I, p. 217-218.

Le scandale de l'innovation, ce sont les périphéries des chaînes de la sous-traitance, abandonnées par la loi, avec leurs conditions de travail néo-esclavagistes. Le scandale, c'est le travail précaire utilisé comme un instrument de pression : dans le meilleur des cas pour conditionner, dans le pire des cas pour exercer un chantage. Le scandale, c'est le mensonge du profil flexible, nouvel idéal stakhanoviste, où la possibilité de planifier un projet de vie personnel est finalement remplacée par une valorisation sociale de la docilité et de la disponibilité qui balaie toute perspective future, en faisant du présent l'unique horizon temporel de l'existence – la pauvreté ne consistant plus alors à ne pas avoir un emploi, mais précisément à en avoir un. Le scandale, enfin, ce sont les montagnes d'ordures et de déchets toxiques que n'arrive plus à absorber et à métaboliser ce que, au livre III du *Capital*, Marx appelle la « force naturelle de la terre », « l'instrument inaliénable de l'existence et de la reproduction de toutes les générations qui se succéderont dans l'humanité »[1].

Voilà pourquoi on peut finalement trouver désuets les divers gadgets de télécommunication à l'aide desquels on assure sa connexion et sa présence *maintenant et partout* – dans cet *ubicumque et nunc* indifférencié qui informe notre spatialité quotidienne. On peut trouver dépassés les bolides hyperrapides et disproportionnés qui circulent sur nos routes, tellement puissants qu'ils exigent la présence d'un dispositif chargé non seulement de contrôler leur vitesse, mais aussi de l'adapter automatiquement aux limites fixées sur les diverses sections de route. On peut également trouver dépassés dès leur apparition les divers biens du marché du luxe, dans lequel la légèreté infrastructurelle de la marque et la puissance irrésistible de sa chaîne de distribution ont pour corrélat une filière de production qui est dépourvue de

---

1. K. Marx, *Le Capital*, livre III, Sixième Section, chapitre xlvii, dans *Œuvres*, « Bibliothèque de la Pléiade », vol. III, Paris, Gallimard, p. 1057.

tout pouvoir de négociation ("c'est à prendre ou à laisser"), alors même qu'elle est propriétaire des moyens de production. Plus généralement, ce qu'on pourra ainsi trouver anachronique, c'est le mirage même de la mode et la fulgurance avec laquelle – en tant que mécanisme stratégique de la société du « mauvais infini » (c'est-à-dire de la croissance incessante de la consommation, des profits et des communications) – elle parvient à mettre hors jeu les formes et les fonctions. « Anachronique », justement parce que la mode promeut quelque chose qui se meut contre (*aná*) le temps (*chrónos*), c'est-à-dire parce que ses conditions mêmes d'existence et de production s'accordent mal avec les potentialités et les idéaux dont nos démocraties se déclarent porteuses.

trois démystifications : une autre obsolescence

Qu'est-ce qu'une *pédagogie de l'objet obsolète* nous donne donc la possibilité de percevoir? *En premier lieu*, elle nous permet de voir sous son vrai jour ce qui se présente aujourd'hui comme un *générateur indispensable de croissance et de bien-être* – l'innovation –, d'en saisir l'aspect idéologique, exactement dans le sens que Marx et Engels ont donné pour la première fois au terme « idéologie » dans *L'Idéologie allemande*, en la définissant comme le masque des relations de pouvoir sous-jacentes aux représentations sociales dominantes. Leur problème était alors de renverser la manière dont l'idéalisme (cette tentation jamais complètement éteinte, au dire des deux auteurs) affirmait la relation entre les formes de la conscience et les processus matériels de la vie, entre la critique et l'Histoire[1], et leur but était d'arracher les affaires humaines à toute tentative d'interprétation

---

1. K. Marx et F. Engels, *L'idéologie allemande*, trad. fr. H. Auger, G. Badia, J. Baudrillard et R. Cartelle, Paris, Les Éditions sociales, 2012, I, A.

qui aurait ignoré leur « processus de développement réel ». De la même manière, la pédagogie de l'obsolescence démystifie la prétendue neutralité de l'innovation en soulignant le tissu d'intérêts, de conditionnements et d'impostures dans lequel elle est prise en otage, tout comme le sont le savoir et la connaissance dont elle dépend.

En second lieu, la pédagogie de l'obsolescence *refroidit le pouvoir de séduction* des biens qui intègrent l'innovation, en faisant tomber le voile de leur puissance de fascination esthétique, pour montrer leur vrai visage. Alors, de l'étincelante moto au *design* rétro qui file effrontément au milieu de la circulation, on ne perçoit plus que le bruit assourdissant inutile et irritant – sans aucun « rendement sonore », comme disent les spécialistes : juste le boucan d'un moteur trafiqué à dessein pour accroître la *noticeability* de son propriétaire. Derrière son *sound*, on ne perçoit plus que la pollution sonore. Et l'on ne perçoit plus également que l'émission de substances toxiques – sachant que, même si leur quantité a pu être réduite, ces substances continuent de dégrader la qualité de l'air, alors même que les connaissances actuelles suffiraient largement à les éliminer complètement.

Cette « triste esthétique », on apprend ainsi à la percevoir également dans la tablette à l'aide de laquelle on s'informe et à l'aide de laquelle, avec une résolution et une vitesse incroyables, on contemple les images qui nous plaisent, on communique, on achète et on joue. On la perçoit dans les informations qu'on nous donne sur les travailleurs qui sont entassés dans des espaces invivables, enfermés jour et nuit, pour produire quelques-uns des composants des biens qu'on est fier de tenir entre ses mains, ou qu'on exhibe comme autant d'exemples d'une créativité géniale ; on la perçoit dans les accumulations de déchets qui bouchent les canaux grâce auxquels le système de la nature cherche à compenser ses déséquilibres, dus à une pression anthropique inédite dont on peut aujourd'hui se rendre compte en constatant l'inhospitalité de régions entières. Mais la « triste esthétique » des objets pour qui nous montrons tant de complaisance, on la perçoit aussi chez le collègue malade du cancer. Ce dernier cache son drame, il en affronte en privé les conséquences financières, afin que l'entreprise qui l'emploie continue de ne pas être au courant. Il ne veut pas s'exposer aux sanctions que lui infligerait un modèle de production déchaîné et totalement allergique aux baisses d'énergie, aux accidents de parcours, à la limitation de la disponibilité. Il sait qu'il est devenu un sujet-paria et que cela est incompatible avec l'inflexible exigence de flexibilité qui lui est imposée quotidiennement. Même lui ne se sent plus attrayant – et c'est pourquoi il se tait [1].

En troisième lieu, la *pédagogie de l'obsolescence* assigne une autre signification à la notion d'"incompatibilité", au lieu de l'utiliser pour indiquer qu'une ressource, un instrument, un programme ou une fonction déterminés cessent d'être en accord avec le fonctionnement d'un nouveau système opératoire. Dans ce dernier cas, en effet, l'incompatibilité est le résultat d'une mise à jour : quelque chose est rénové, et ce mouvement de rénovation rend obsolètes une bonne partie des éléments auxquels la chose en question est reliée. Cela vaut aussi bien pour une banale prise d'alimentation électrique que pour un système de lecture électronique. Et, quand cela se produit, le phénomène de l'obsolescence n'est pas la conséquence endogène d'un cycle de vie qui aurait désormais achevé son parcours, mais plutôt l'effet exogène de la violence avec laquelle ce qui est "nouveau" déforme et met hors jeu tout ce qui dépend de son fonctionnement, ou

1. Je dois cette idée au poète Massimo Daviddi, que je souhaite remercier ici pour les réflexions toujours brillantes dont son amitié me fait profiter à chacune de nos rencontres.

plutôt le remplace par un produit remis à jour. C'est exactement ce qui arrive au travailleur auquel le marché du travail assigne la responsabilité de se plier lui-même à une incessante mise à jour, laquelle repose sur ce qui est aujourd'hui l'un des marchés les plus florissants : le marché de la formation continue – revers de la médaille de la formation au marché.

La pédagogie de l'objet obsolète renverse cette logique. Quand il y a lieu, *elle permet de voir, dans ce qui agit comme agent d'incompatibilité – c'est-à-dire dans le mécanisme par lequel est annulé l'accord d'une chose avec une autre –, non plus le signe d'un manque d'alignement sur la nouveauté la plus récente, mais plutôt le caractère honteusement régressif d'un processus d'innovation incompatible avec le système de valeurs sur la base duquel chacun de nous sait très bien – à moins d'être totalement borné – ce que signifie le fait de vivre dans un espace démocratique d'interactions civilisées avec autrui et avec le monde naturel.* Autrement dit : l'intempestivité ainsi mise en lumière est la manifestation de l'inadéquation d'une certaine innovation non seulement par rapport au développement socialement et écologiquement durable, mais aussi par rapport aux idéaux de vie commune et de progrès à l'aide desquels nous nous représentons – et nous nous racontons – le processus de civilisation auquel nous sommes à juste titre fiers d'adhérer. Mais que devons-nous alors entendre exactement par la formule « triste esthétique » ? C'est à cette question que nous chercherons à répondre dans le prochain chapitre.

chapitre 2
le présent, l'innovation et la mode : une alliance fatale

enchantements et séduction

"Triste", elle est assurément, cette esthétique où la dimension tragique et intolérable de la condition humaine, au lieu d'être mise en scène sous la forme d'un "drame", c'est-à-dire d'une action (*drama*) capable de la dénoncer et en même temps de transfigurer d'une manière cathartique sa signification et sa cruauté, se trouve masquée par un décor qui organise une trompeuse dissimulation. Voilà pourquoi la pédagogie de l'obsolescence reformule à sa façon – et dans un tout autre but – la critique émise par Platon contre la poétique de l'agréable en tant qu'esthétisation indifférente aux contenus[1]. Pour employer le langage des livres II et III de la *République*, on dira que les *logoi* symbolisés par les objets innovants dont nous sommes les destinataires et dont, précisément à la manière des jeunes gens de Platon, nous subissons totalement la fascination, ont un caractère fictif. Non pas parce que, comme cela se produit chez Homère et chez Hésiode lorsqu'ils parlent des dieux, ces

1. *Cf.* Platon, *La République*, III, 387b-c.

logoi nous mentiraient sur la vérité des choses (puisqu'il ne s'agit nullement de *mimesis* dans le cas qui nous occupe), mais parce que nous sommes éblouis par le mensonge de leur beauté et de leur fonctionnalité. Ce qu'il faut alors ici qualifier de *pseudos*, c'est bien plutôt le caractère fallacieux de ces *status symbols* qui poétisent et esthétisent leurs référents, en nous rendant aveugles aux conditions matérielles dont dépend en grande partie la réussite de leur réception. Ils disent quelque chose de faux, non pas cependant – répétons-le – au regard d'un modèle qu'ils auraient eu l'irresponsabilité de déformer (ainsi que la critique platonicienne le reproche à la *poietikè mimesis*), mais bien *par rapport à eux-mêmes* : ils ne sont pas tels qu'ils apparaissent.

Nous pouvons dès lors parler d'une « fantasmagorie de la marchandise » et, en reprenant un terme bien connu, nous pouvons même, de toute évidence, parler de ses « secrets », autrement dit de ce fétichisme sous l'effet duquel la marchandise se met à briller par elle-même, c'est-à-dire à *valoir* par elle-même, puisque cet éclat fait perdre sa propre valeur à la réalité sociale sous-jacente de la production, c'est-à-dire à la spécificité du travail nécessaire à celle-ci : l'apparence fait disparaître sa propre essence [1].

Son statut de fétiche – son caractère mystique, énigmatique, magique, sorcier et nébuleux, comme le dit Marx pour essayer de cerner son équivocité [2] – permet aujourd'hui à la marchandise

---

1. K. Marx, *Le Capital*, livre I, Première Section, chapitre I, § 4 (« Le caractère fétiche de la marchandise et son secret »), trad. fr. J.-P. Lefebvre, Paris, P.U.F., 1993, p. 87 : « Aussi, c'est seulement l'analyse des prix des marchandises qui a conduit à la détermination de la grandeur de valeur, c'est seulement l'expression monétaire commune des marchandises qui a conduit à fixer leur caractère de valeur. Mais c'est précisément cette forme achevée du monde des marchandises [...] qui *occulte sous une espèce matérielle, au lieu de les révéler, le caractère social des travaux privés et donc les rapports sociaux des travailleurs privés* » [c'est nous qui soulignons].

2. *Ibid.*, p. 83.

que l'on manipule avec satisfaction ou avec laquelle on se familiarise en en tirant une gratification matérielle et symbolique, de masquer, exactement comme dans l'Angleterre du XIX e siècle, les rapports sociaux des travailleurs, les conditions souvent inhumaines de l'acte de production, autrement dit les modalités concrètes du travail. Mais ce n'est pas tout : derrière ce que nous pouvons désormais appeler le fétichisme de l'innovation, la marchandise ne dissimule pas seulement les conditions archaïques de sa production (tandis que l'encadrement "sauvage" et "néo-prolétarien" du travail expose la société tout entière à la recherche exacerbée du profit), mais aussi la pression qu'elle exerce sur le processus de coadaptation du système écologique et du système social (tandis que, à travers un *design* désormais étranger à tout projet émancipateur, le mécanisme de la mode se soumet inconditionnellement au dictat de la consommation, de son accroissement et de son expansion – en ayant pour but un retour sur investissement dont l'extension ne connaît pas de limites).

Dans les conditions actuelles, cependant, le fétiche de l'innovation ne repose pas principalement sur la prétendue autonomie de la valeur de la marchandise (ou de la valeur *en tant que marchandise*) – c'est-à-dire sur cette « forme délirante » et cette « brume fantomatique » [1] qui permettent à la marchandise, à un moment donné de l'histoire de sa production, d'acquérir une vie et une valeur propres –, mais bien sûr son *appeal*. Autrement dit, c'est plutôt par la séduction que passe aujourd'hui la mystification.

Nous avons déjà observé en quoi cette forme de mystification n'est pas inédite en soi : c'est plutôt son mécanisme qui présente des traits nouveaux.

---

1. *Ibid.*, p. 87.

Parmi les matériaux destinés à l'introduction de sa monumentale recherche sur les passages parisiens, Walter Benjamin reprend, à partir de documents d'époque, deux observations apparemment banales : d'une part, « c'est dans les passages qu'ont lieu les premiers essais d'éclairage au gaz »; d'autre part, on les présente aux touristes de l'époque comme une « récente invention du luxe industriel », constituée de « couloirs au plafond vitré »[1]. La banalité de ces informations n'est qu'apparente, car elles nous disent en réalité quelque chose de très précis sur le processus qui soumet la marchandise à une dialectique de la dissimulation et de l'exhibition, de l'absence et de la présence. Le lieu où, durant quinze ans à partir des années 1820, Paris expose ses marchandises de luxe en les illuminant de l'extérieur d'une manière naturelle et de l'intérieur d'une manière artificielle trouve dans cette "technique de la vision" un surprenant allié. Grâce à elle, la beauté des objets peut pour la première fois briller réellement dans toute sa splendeur le long des luxueuses galeries de fer, de verre et de marbre qui traversent quelques blocs d'immeubles du centre de Paris, ouvrant ainsi de nouvelles voies de communication entre les boulevards. Les passants défilent devant les vitrines avec des regards émerveillés, bien à l'abri des caprices du ciel. C'est d'ailleurs quand le temps se gâte que le commerce marche finalement le mieux, parce qu'il offre un refuge aux éventuels clients et s'assure ainsi une affluence, et donc une visibilité, encore plus grandes. Cette double logique de la lumière naturelle et artificielle permet à la *technique de la vision* de se combiner avec un *art de l'apparition*, qui dissimule l'histoire de ce qui est exhibé en ne mettant l'accent que sur tout ce qui se présente à la vue. On peut dire que nous sommes ici en présence d'une poétique de l'exposition qui s'emploie à

---

1. W. Benjamin, *Paris, capitale du xixᵉ siècle, op. cit.*, « Exposé de 1935 », p. 35.

provoquer une réception admirative et entièrement captive de l'apparition. Voilà pourquoi Benjamin peut faire remarquer que « l'art se met au service du négociant »[1], anticipant ainsi ce qui constituera par la suite la logique scénographique des grands magasins de la fin du XIXᵉ siècle, avec leurs coupoles vitrées et le scintillement de leurs vitrines illuminées. La marchandise s'assure ainsi les conditions d'une valorisation fondée surtout sur l'art de la séduction et de l'offre. De même qu'elle se révèle irrésistible, de même sait-elle aussi s'offrir : il doit pouvoir être possible, sous certaines conditions, de profiter de sa beauté.

La valeur du bien dans son acception marxienne (c'est-à-dire de la chose *en tant que* chose) s'allie donc ici avec un processus d'enchantement esthétique, où le terme « fantasmagorique » qualifie plutôt la manière, la forme ou le style de l'apparition, c'est-à-dire la mise en scène grâce à laquelle l'objet est justement *mis en valeur*. Ici le « sortilège » marxien réside surtout dans cet enchantement esthétique qui ravit le passant, qui l'étourdit et qui lui fait ralentir sa marche jusqu'à ce qu'il s'arrête et recentre son attention sur l'objet-en-vitrine. La présentation de la marchandise ne fait qu'un avec sa représentation, avec la mise en scène qui l'illumine.

L'invention architecturale des passages inaugure une nouvelle période pour la marchandise. Une période où, à partir des années 1950, il s'agit pour elle d'emprunter – avec un certain succès – la voie de la démocratisation de la consommation. Dans les passages, la présentation de la marchandise équivaut à sa représentation – c'est d'ailleurs là une histoire qui nous est aujourd'hui fort bien connue. Quand elle se laisse ensuite acquérir (au moment de l'achat), elle devient elle-même un vecteur de représentation, un bien positionnel, en transférant symboliquement sa valeur à

1. *Ibid.*

celui qui l'exhibe, au point de valoriser celui-ci conformément à une certaine idée de la vertu. Et ce n'est certes pas un hasard si les années qui voient s'imposer les passages – avec leur nouvelle logique de la représentation – sont justement celles qui voient également naître la communication publicitaire.

secret et scénographie

À travers la notion de « secret », Marx avait montré comment, à dater d'un moment historique précis, la marchandise est parvenue à dissimuler grâce à sa propre manifestation les modalités de travail concrètes nécessaires à sa production, revendiquant pour elle-même, si l'on peut dire, tout le mérite de la valeur – d'une valeur choisie en vue de l'échange marchand. De son côté, Benjamin relève un moment ultérieur dans ce processus de valorisation fantasmagorique, à savoir cette nouvelle étape que constitue l'esthétisation et la sensualisation[1] de la marchandise. Non seulement la marchandise vaut par elle-même, comme si elle ne dépendait que de la valeur de ses qualités, mais sa rencontre avec l'esthétique lui permet de s'assurer une valeur encore plus magique, plus ensorcelante et plus nébuleuse que ne le pensait Marx.

Tout comme cela se produit avec les fétiches, le secret qui sépare la marchandise de ses conditions de production peut également profiter désormais du pouvoir d'enchantement de la scénographie esthétique et de ses effets d'étourdissement. La marchandise nous ravit, et le fait que, en l'exhibant et en s'esthétisant ainsi soi-même, on puisse s'approprier sa beauté se révèle souvent plus déterminant que toute prise de conscience

---

1. W. Benjamin, *Paris, capitale du XIXᵉ siècle, op. cit.*, « Notes et matériaux », A, « Passages, magasins de nouveautés, calicots », p. 73. À propos de l'un des espaces scénographiques destinés à érotiser la marchandise, Benjamin écrit : « Le passage n'est que la rue lascive du commerce, propre seulement à éveiller les désirs ».

responsable. La réaction contraire implique en effet un immense effort d'éducation, car les forces de persuasion qui agissent dans l'autre sens sont, comme on le sait, très puissantes. Certes, le ravissement et la lucidité ne s'excluent pas forcément l'un l'autre : ils peuvent même coexister sans difficulté du simple fait qu'ils se situent sur des plans différents, aussi différents (et éventuellement contradictoires) que les dimensions à travers lesquelles s'articule l'identité individuelle. Autrement dit : de même que, par exemple, il y a une identité du sujet qui s'exprime à travers la réflexion, à travers une sensibilité propre ou bien à travers l'exercice de la responsabilité (autant de signes d'une liberté en acte), de même est-il fort possible que, pour le même sujet, un reflet identitaire tout aussi essentiel ait pour support la consommation esthétisante, vécue comme une liberté de plaire et de se plaire, voire comme une forme de culture de soi.

La marchandise que Marx considère comme synonyme d'argent (c'est-à-dire de valeur d'échange) s'enrichit donc chez Benjamin d'une réflexion sur son esthétisation. Qu'est-ce en effet que le Paris du XIXᵉ siècle – avec ses passages, ses grands magasins, ses magasins de nouveautés et ses expositions universelles –, sinon le lieu où se met en place cette nouvelle phase de l'histoire du monde de la marchandise, le chronotope de son esthétisation ? Le fétiche de la marchandise revêt ainsi une religiosité beaucoup plus ardente que celle qui est stigmatisée au livre I du *Capital* : c'est une religiosité de la relique qui mobilise une foule de pèlerins, car de la relique « classique » la marchandise exposée hérite la même force d'attraction.

Pour le dire dans les termes que Benjamin attribue à Hippolyte Taine, c'est toute « l'Europe [qui] s'est déplacée pour voir des marchandises » à l'occasion de l'Exposition universelle de Paris[1].

---

1. Cité par W. Benjamin, *Paris, capitale du XIXᵉ siècle, op. cit.*, « Exposé de 1935 », p. 39.

Comme pour la relique "classique", on est là aussi en présence d'un objet de vénération dont la présence signale une absence. Mais c'est une absence qui, contrairement à celle vers laquelle la relique fait signe, se trouve justement effacée par l'enchantement de la présence. Dès lors ce "reste" (*reliquum*) lui-même qui, dans le premier cas – la souffrance du martyr –, est confié à la mémoire des fidèles se trouve au contraire, dans le second cas – la souffrance d'un monde déshumanisé par l'organisation de la production –, livré à l'oubli. Autrement dit, on a affaire à un fétiche-relique qui fonctionne exactement à l'envers : il détourne le regard en le recentrant très précisément sur ce qui est présent – déplacement qui a pour alliée la distraction.

L'esthétisation, en effet, distrait et séduit en même temps[1]. Elle « séduit » parce que, comme nous l'avons vu, elle entoure la marchandise d'une aura qui la fait apparaître comme un irrésistible objet de désir ; et elle « distrait » parce qu'elle encourage chez l'homme un abandon ou un ravissement dans lequel Benjamin voit « la jouissance que lui procure son aliénation, par rapport à lui-même et par rapport aux autres »[2]. Dans ce cas, la distraction détourne l'attention de la nature complexe de la marchandise, de telle sorte que le regard et le désir, une fois coupés du reste, puissent se fixer sur l'apparition et l'idéalisation de l'objet-en-vitrine. Telle est précisément la fonction d'évasion que revêt la fantasmagorie marxienne dans la lecture de Benjamin[3]. L'idéal se glisse ainsi dans le réel, la promesse dans l'actualisation de son contenu, et l'*utopie* dans la *topie*. En se superposant à la *topie*, l'*utopie* la transfigure et projette la marchandise *au-delà de son histoire et de sa géographie* (c'est-à-dire au-delà du *comment* et du *où* de sa production), *mais en deçà de toute forme de*

---

1. W. Benjamin, *Paris, capitale du XIX⁰ siècle, op. cit.*, « Exposé de 1935 », p. 39.
2. *Ibid.*
3. *Cf.* W. Benjamin, *Paris, capitale du XIX⁰ siècle, op. cit.*, « Exposé de 1939 », p. 51.

rédemption. En s'installant dans la *topie*, l'*utopie* se transforme en son contraire, et le mécanisme de l'aliénation (qui sépare la marchandise de ses conditions de production) finit par s'étendre aussi à la sphère de la jouissance, qui, non sans raison, devient compulsive (avec l'enchaînement infini des « cette fois-ci, c'est la bonne »). Or, dans le fonctionnement d'un tel mécanisme, la mode joue un rôle central.

la mode, la ludicité et la mort

La mode est aujourd'hui une technique d'accélération du temps, et donc de consommation de la vie, appliquée à des objets, à des milieux et à des styles. Elle trouve des alliés partout où elle peut reconnaître la possibilité d'universaliser le régime de l'obsolescence. Parmi eux, un rôle tout particulier est dévolu aux technologies de la communication. L'innovation dont celles-ci sont porteuses suit exactement, elle aussi, la logique propre à tout ce qui vit et dépérit en vertu du principe-mode. Elles exploitent son modèle, mais dans le même temps elles en sont elles-mêmes les instruments : *pour pouvoir s'affirmer* sur le marché de la consommation, toute chose doit devenir mode, parce que, *pour pouvoir résister* sur le marché de la consommation, toute chose doit être l'occasion d'un accroissement et d'une valorisation infinis du capital investi. Plus la marchandise intègre le principe qui fait de l'obsolescence immédiate son destin inévitable, plus le capital est solidement accroché à l'accélération de sa circulation.

Le principe-mode est le météore dont l'*appeal* permet à l'objet de se multiplier lui-même à l'infini, tout au long de l'évolution frénétique de ses fonctions, de sa forme, de sa manipulabilité et de ses ressources. Dire que "tout est mode" signifie que tout est tendanciellement soumis – ou visé à l'être ou devrait l'être – à une loi qui fait qu'on ne laisse sa chance à aucune forme, à aucun niveau de prestation et de potentialité, à aucun fonctionnement établi, à aucune mémoire. Autrement dit : tout est condamné dès le début. Mais c'est précisément cette condamnation qui fait que rien ne s'arrête jamais, et que les objets, les marchandises, les biens, les formes et les styles accélèrent leur marche vers la mort et la renaissance : obsolescence et innovation sont le revers l'une de l'autre. Cette condamnation à l'obsolescence est donc créatrice – ce qui fait d'elle une variante de la célèbre « destruction créatrice » de Schumpeter[1]. Elle l'est dans la mesure où, à travers la destruction, la créativité de l'innovation ouvre la voie à une incessante modernisation de la surface de perception du monde. En lui dégageant le terrain, en fluidifiant l'afflux d'objets toujours plus attractifs et plus performants, c'est-à-dire en se débarrassant des fonctions immédiatement précédentes, elle évite la congestion de nos espaces d'activité. Ce que nous avons ici appelé « modernisation » revêt ainsi l'aspect d'une infinie actualisation.

Nous courons après l'actualité parce que la forme sociale de vie qu'il nous incombe de mener en dépend entièrement, si nous voulons rester dans la course dans les domaines de la communication, du travail et de l'information. Répétons-le cependant – en reprenant exactement les enseignements de Foucault sur le pouvoir : l'instrument d'affirmation de cette actualité n'est pas la contrainte, mais bien la séduction, qui reconnaît d'ailleurs dans la mode l'un de ses vecteurs d'affirmation privilégiés.

Mais un autre moyen lui est intimement lié : l'expérience ludique[2]. Si nous subissons la fascination des styles et des marchandises, c'est également parce que les uns et les autres nous promettent le divertissement, l'évasion et la transgression –

---

1. *Cf.* J. Schumpeter, *Capitalisme, socialisme et démocratie*, trad. fr. G. Fain, Paris, Payot, 1990.

2. À cet égard, Baudrillard a fait œuvre de pionnier et ses travaux restent largement d'actualité. Voir notamment *La Société de consommation*, Paris, Folios-Gallimard, 1986.

en s'introduisant dans la sphère professionnelle, de sorte que le travail et la distraction se trouvent réunis d'un seul coup. Parler de la dimension ludique de la marchandise, c'est alors reconnaître dans l'*entertainment*, dans la distraction-divertissement, le style cognitif d'une époque, à savoir sa propension à la distraction compensatoire (nous verrons plus loin en quel sens), grâce à des occasions d'évasion qui sont toujours à portée de main. Cet aspect de la marchandise, visible aussi bien dans sa présentation que dans sa disponibilité, n'a fait que s'accentuer au cours des dernières décennies, au fur et à mesure que ses fonctions et son mode d'emploi se sont rapprochés toujours davantage de ceux des objets-*gadgets*.

Baudrillard avait déjà su brillamment mettre en évidence un tel processus à partir de la fin des années soixante, en s'appuyant sur les analyses proposées dix ans plus tôt par Galbraith (sur l'« ère de l'opulence ») et par Packard (sur l'« art du gaspillage »). Ce que Baudrillard avait repéré dans la présentation et la fabrication des objets, mais aussi plus généralement dans nos relations avec les autres, avec le temps libre, avec la politique et même, par certains côtés, avec le travail, c'était le ludique comme tonalité dominante d'un *habitus* quotidien diffus[1]. Et ce, précisément au moment où les objets, les relations, les biens et les services étaient progressivement emportés dans ce processus de "gadgétisation" généralisée qui était censé les rendre plus attrayants et plus irrésistibles que jamais. Chez Baudrillard, la fantasmagorie mise en évidence par les lectures marxienne puis benjaminienne de la marchandise devenait la liturgie d'une fête permanente où la vie est incitée à (ab)user des biens en restant indifférente à tout principe d'utilité. Quand il s'agit de consommer, le calcul de l'utilité en vient à se transformer en son contraire – révélant ainsi

1. *Ibid.*, p. 172.

son côté irrationnel. L'utilitarisme rencontre ici l'inutilité comme sa propre arme : une inutilité dont l'objet-gadget constitue justement l'emblème. L'illusion d'une abondance démocratisée s'offrant comme un *don*, comme une prodigalité inépuisable et comme la source d'une jouissance gratuite était la marque des années de l'après-guerre, de l'euphorie économique (mais aussi de sa contestation) et de la massification de la consommation (mais aussi des réactions contre l'aliénation du travail industriel mécanisé). La fête dont parle Baudrillard était donc celle d'une société du bien-être généralisé qui, dans la consommation, se trouvait (et se perdait) elle-même.

Aujourd'hui, cependant, ni cet optimisme ni sa démystification ne sont plus de mise. Dans une société de la crise de la valeur d'achat, de la consommation fondée sur l'endettement, du déséquilibre entre le travail (dévalué) et le capital (hypervalorisé), entre culture et nature, dans une société où, surtout, se dévoile l'insoutenabilité de l'accroissement inconditionnel de la consommation, la fête de la consommation – qu'elle soit exaltée ou vilipendée – est maintenant suivie du sentiment généralisé d'un déprimant désenchantement. La fête a cédé la place à la perception – tantôt lucide, tantôt seulement confuse – d'un échec qui refroidit tout désir de célébrer la civilisation comme processus historique capable de généraliser le bien-être et l'émancipation – à l'opposé, donc, de la certitude hégélienne sur la valeur du présent. Dans ces conditions, la course à la compensation ludique prend une tonalité tragique et suspecte. De quoi en effet lui demandons-nous de nous distraire, si ce n'est de ce sentiment d'échec que nous ressentons en portant un regard désenchanté sur les valeurs de référence du récit, de la représentation et de la conduite de nos existences, et qui délégitime ainsi radicalement les raisons et les automatismes sur lesquels nous nous fondons pour perpétuer nos habitudes et forger nos attentes ?

À bien y regarder, la fin de la fête n'a pas ébranlé le fait que la consommation s'impose comme la loi même de la croissance et comme la mesure du bien-être. Bien au contraire. *Ce qui a changé, c'est le mécanisme qui rend ce fait encore possible.* Un mécanisme auquel le principe de l'accessibilité généralisée donne toute sa force : la capacité d'imaginer des formes de consommation et de jouissance indépendantes des ressources réelles de celui qui est censé en bénéficier, c'est-à-dire d'*accréditer* le consommateur, en faisant du présent l'espace du *plaisir immédiat* et en faisant du futur – dans sa plus extrême indétermination – l'espace de l'*encaissement différé*.

Il est vrai qu'à ce principe est venue progressivement se mêler la mauvaise conscience. Quelque chose en nous s'oppose à lui et ébranle les conditions de son fonctionnement, en nous murmurant que « non, ça ne peut plus durer ainsi ». Quand cela se produit, quand les reproches ou la censure de la mauvaise conscience se font sentir, on est alors partagé entre deux sentiments de soi très différents : d'un côté, on est inquiet, incertain et traversé par le doute ; mais d'un autre côté, on est bien accroché à ses désirs, à ses objectifs et aux valeurs dont dépendent aussi bien notre satisfaction que notre frustration.

Même s'il ne s'agit aucunement de faire ici allusion aux hypothèses nietzschéennes sur la naissance de la mauvaise conscience – qui serait à l'origine d'une « secrète violation de soi-même » –, il n'en reste pas moins vrai que, dans le cas qui nous occupe, on a là aussi affaire à une « âme volontairement disjointe »[1]. Non pas, cependant, du fait d'une violence intériorisée et retournée contre cette âme elle-même, mais parce que cette dernière se place simultanément sous deux différents régimes du sens, sous deux différents modèles de

---

1. F. Nietzsche, *La Généalogie de la morale*, II, § 18, dans *Œuvres*, trad. fr. J. Lacoste et J. Le Rider, Paris, Robert Lafont, 1993, vol. II, p. 828.

valorisation de l'action, censés nous permettre de mieux nous connaître nous-mêmes. Le fait de se reconnaître sereinement et automatiquement dans le monde social et dans sa manière de distribuer les récompenses et les blâmes; le fait d'adhérer à ses usages ou à ses exigences nouvelles; le fait d'être en accord avec la logique de son développement : toutes ces certitudes sont donc battues en brèche et cela finit par ébranler leur puissance de persuasion elle-même. C'est toute une construction du sens qui se trouve ainsi gagnée par le doute. Celui-ci nous traverse dans la mesure où il s'insinue dans une grande partie de nos actions et de nos intentions, en ébranlant la certitude que nous avions de leur "normalité". Pire encore, ces actions et ces intentions peuvent même nous apparaître soudain comme totalement irrationnelles, et nous sommes alors contraints, pour pouvoir continuer à faire valoir leur logique, de recourir à l'astuce de la *pression de la nécessité* ou de l'*indifférence* (c'est-à-dire à une forme de dénégation). Dans le premier cas, cela revient à adhérer sans le moindre écart à la quotidienneté et à ses urgences. Tandis que, dans le second cas, il s'agit de ne rien voir d'autre que soi-même et de n'avoir pas d'autre horizon que ses propres intérêts. Mais précisément, quand la logique de nos actions et de nos intentions se trouve mise en suspens, la triste esthétique produit un *effondrement du sens de l'appartenance au monde* : quelque chose ne fonctionne plus.

Ce qui semblait d'abord constituer un comportement normal, une relation souhaitable avec le monde environnant et une attente légitime envers soi-même ou à l'égard des autres commence maintenant à être perçu dans toute son insoutenabilité sociale et environnementale, en apparaissant franchement comme un facteur de crise, voire de dégradation. Cette insoutenabilité devient alors le visage même de l'irrationalité, et l'impression qu'elle produit sur nous altère la perception que nous avons de nous-mêmes.

Entendons-nous bien : notre commerce habituel avec le monde ne disparaît pas pour autant d'un seul coup. Mais l'image que nous avons de lui et l'identité commune à laquelle il nous fait prendre part perdent de leur évidence. Ce qui apparaissait hier comme un monde hospitalier et partageable se révèle tout à coup un univers déconcertant, voire inhospitalier. On ne le reconnaît plus du tout, parce qu'on ne se reconnaît plus pleinement dans ce qu'on y fait. Son étrangeté "soudaine" est donc celle d'un monde tellement sous pression qu'il exige un autre mode d'emploi et une redéfinition des processus de valorisation qui, pour le dire en quelques mots, vont entrer en contradiction avec la généralisation croissante du modèle anthropologique du libre consommateur.

Voilà l'une des raisons pour lesquelles nous répondons à l'inhospitalité du monde en nous entourant de *gadgets*, c'est-à-dire en nous en remettant à des dispositifs qui peuvent se présenter comme ingénieux, innovants, utiles et, en même temps, comme aussi superflus qu'ils sont séduisants et originaux. Mais qu'il s'agisse d'un aspect (l'utilité) ou bien de l'autre (la futilité), et que ce soit la logique du *mécanisme* qui prévale ou bien celle de l'*accessoire*, dans les deux cas il s'agit de rendre notre monde toujours plus *user friendly*, pour compenser une hostilité qui ne se manifeste plus seulement dans les relations avec autrui, mais aussi dans les réponses déconcertantes de la planète à une pression anthropique incontrôlée.

Il convient cependant d'être très précis : l'*homo ludens* dont il est question ici n'est plus celui qui était dépeint en 1938 dans le chef-d'œuvre de Johan Huizinga [1]. Car, dans le cas qui nous occupe, le fait majeur n'est plus le jeu comme dimension pré-culturelle fondamentale des diverses civilisations et de leur

---

1. *Cf.* J. Huizinga, *Homo ludens. Essai sur la fonction sociale du jeu*, trad. fr. C. Sérésia, Paris, Tel-Gallimard, 1988.

organisation sociale, mais son caractère hyperconsumériste. Ce qui importe ici, c'est la ressemblance croissante entre, d'une part, le jeu, et, d'autre part, les rapports que nous entretenons tous avec nos objets usuels ou avec ceux à travers lesquels nous nous représentons nous-mêmes au quotidien, les questions que nous leur adressons, les attentes que nous plaçons en eux et les promesses qu'ils nous font. Dans cette perspective, la dimension de l'oisiveté – qui a toujours été associée au jeu, comme Huizinga l'avait démontré – ne signifie plus nécessairement l'institution d'un espace qui, quoique bien réglé, resterait distinct et séparé de l'activité du travail : elle commence plutôt à faire partie intégrante du processus de production lui-même. Ludiques, c'est ce que les objets (ainsi que les opérations impliquées par leur manipulation) sont maintenant censés être, s'ils veulent pouvoir conquérir notre attention distraite. Ils tendent alors idéalement vers un statut d'objets-jouets : la voracité compulsive avec laquelle nous mettons à jour notre "parc télécommunicationnel" en est peut-être l'exemple le plus frappant.

Cette dynamique du spectacle et du cirque qui est à l'œuvre dans la marchandise, Benjamin l'avait repérée dans le lieu même de sa naissance : les premiers grands magasins[1] – l'une des innovations du Second Empire –, ces espaces vastes et somptueux qui permettaient notamment d'embrasser d'un seul coup d'œil tous les biens exposés et dont Zola, dans son roman de 1883, décrit minutieusement le fonctionnement, à la fois paradisiaque et infernal, en l'observant à travers le vécu de protagonistes aux fortunes diverses[2].

Mode, *design* et ludicité sont donc liés, ils s'associent et forment un tout afin d'organiser, en fonction des besoins

---

1. *Cf.* W. Benjamin, *Paris, capitale du XIXe siècle, op. cit.*, « Notes et matériaux », A, « Passages, magasins de nouveautés, calicots », p. 73.

2. *Cf.* E. Zola, *Au Bonheur des Dames*, Gallimard, Paris, 1980. Voir notamment les chapitres II, IV, IX et XIV.

actuels du marché, le cycle de vie des objets dans leur devenir-marchandise. Un monde ludique, à la mode, et séduisant est en effet ce qui correspond le mieux à ce que l'idée économique de croissance et de bien-être exige aujourd'hui de nos comportements dilapidateurs.

Si l'on en revient à l'axe Marx-Benjamin, on peut dire alors que le problème de la marchandise tel qu'il se pose ici ne réside pas simplement dans le passage au second plan de la *valeur d'usage* de l'objet, pour le plus grand bénéfice de sa *valeur d'échange* (selon un mécanisme qui permet à la marchandise de se présenter comme valeur en soi), mais bien dans le fait que ce "passage au second plan" de la valeur d'usage est également synonyme d'une instrumentalisation du sujet par l'objet – tant il est vrai que, à travers l'astuce de la fantasmagorie de l'innovation, la marchandise *utilise* ses propres consommateurs *précisément à travers l'utilisation qu'ils font d'elle*, afin d'assurer à la circulation du capital cette *accélération aveugle* dont il a besoin pour croître de manière exponentielle (et surtout « aveugle » – redisons-le –, étant donné son insoutenabilité environnementale et sociale). C'est exactement le même mécanisme que celui que Marx avait su saisir dans le processus du travail moderne, quand se pose la question de la valorisation : celui qui emploie les moyens de production est employé par eux.

Étroitement liés, la mode, le *design* et la ludicité se mettent au service de ce que nous pouvons aujourd'hui appeler le télétechnocapitalisme de nos sociétés développées. Celles-ci le perpétuent et l'alimentent, en le légitimant à travers nos propres pratiques elles-mêmes esthétisées. Le monde qui vieillit si rapidement autour de nous, le monde qui s'appuie sur nos goûts pour se renouveler d'une manière compulsive, c'est le monde pris en otage par cette exigence d'une accélération de la circulation du capital, qui tend à aligner toute idée possible du progrès social et individuel sur sa propre logique d'expansion.

Dans le passage du monde non encore esthétisé (celui dans lequel Marx pense la valeur d'échange) au monde esthétisé (celui que Benjamin découvre *in statu nascendi* dans l'étincelant Paris impérial), la mode se charge de jouer par rapport à la marchandise le même rôle que le rituel par rapport au fétiche : elle en organise l'adoration. En tant qu'"objet à la mode", la marchandise se couvre d'une lumière suffisamment fascinante pour renforcer sa désirabilité, indépendamment bien sûr de ses qualités intrinsèques, mais aussi de manière à éteindre tout intérêt pour la traçabilité du processus de sa production. Cela seul existe qui s'offre à nous via la liturgie d'une telle illumination ; en dehors du cercle tracé par son faisceau de lumière, tout disparaît : ce qui apparaît n'a pas d'histoire.

Si cela vaut pour l'*espace d'apparition* de la marchandise, du point de vue temporel l'objet capable d'intégrer la mode comme le principe même de son attrait devient le *medium* à travers lequel l'actualité s'affirme comme l'occasion d'une incessante *renovatio* de l'existence, d'une remise à jour de son style et d'une requalification de ses possibilités. C'est ce qui explique pourquoi, dans le régime de l'innovation, il est impératif que l'autorité de la mode s'étende « sur les objets d'usage quotidien aussi bien que sur le cosmos »[1].

Il s'agit là d'une universalisation que Benjamin pouvait déjà repérer dans l'esthétisation naissante du monde telle qu'elle était encouragée à l'occasion d'inédites et spectaculaires expositions de la marchandise dans le Paris du XIXe siècle. Mais il pouvait aussi la découvrir dans le trait génial de Grandville, le fameux illustrateur et caricaturiste, et dans sa capacité de saisir avec ironie la nature même de la mode, après l'avoir « pouss[ée] jusqu'à ses conséquences extrêmes »[2], c'est-à-dire après l'avoir

---

1. W. Benjamin, *Paris, capitale du XIXe siècle, op. cit.*, « Exposé de 1935 », p. 40.
2. *Ibid.*

débusquée là où elle montre son visage le plus vrai : dans le mécanisme par lequel – exactement comme Leopardi l'avait compris à la même époque dans ses *Petites œuvres morales*[1] – « elle accouple le corps vivant au monde inorganique » et met côte à côte la mort et la vie, en agaçant celle-ci avec la faux de celle-là, afin de faire valoir « vis-à-vis du vivant [...] les droits du cadavre »[2]. L'accouplement auquel Benjamin fait allusion est courant dans une société qui, avec son fétichisme des objets, succombe au *sex-appeal* de l'inorganique[3]. Et ce n'est pas sans raison que, parmi les nombreux matériaux préparatoires à son *Paris, capitale du XIXᵉ siècle*, c'est justement dans les *Petites œuvres morales* que Benjamin va puiser l'apostrophe de la mode à la mort (« Madame la Mort ! Madame la Mort ! »[4]).

Car la mode provoque la mort et l'invite à la rejoindre, mais « [elle] a déjà pris encore une fois une figure nouvelle, quand [le Trépas] la cherche des yeux pour l'écraser »[5]. Encore faut-il ajouter que, si cela se produit, c'est parce que la mode se comporte comme la mort (« je n'ai pas manqué, jusqu'à ce jour, de jouer aux hommes des tours comparables aux tiens »[6]). Elle mortifie les *objets* de son attention, en commençant par les rendre gracieux et les exalter, mais en finissant par les laisser tomber en disgrâce, c'est-à-dire par les transformer en *abjects*, en mettant en œuvre une véritable technologie de l'oubli – car tel est bien le mécanisme de son fonctionnement : un mélange de

---

1. *Cf.* G. Leopardi, « Dialogue entre la mode et la mort », dans *Petites œuvres morales. Suivi de Huit petites œuvres morales inédites*, trad. fr. J. Gayraud et E. Cantavenera, Paris, Allia, 2007.

2. W. Benjamin, *Paris, capitale du XIXᵉ siècle, op. cit.*, « Exposé de 1935 », p. 40.

3. *Ibid.*

4. *Cf.* G. Leopardi, « Dialogue entre la mode et la mort », *op. cit.*, p. 31. W. Benjamin, *Paris, capitale du XIXᵉ siècle, op. cit.*, « Notes et matériaux », B, « Mode », p. 88 (« Monseigneur la mort ! Monseigneur la mort ! »).

5. W. Benjamin, *Paris, capitale du XIXᵉ siècle, op. cit.*, p. 89.

6. *Cf.* G. Leopardi, « Dialogue entre la mode et la mort », *op. cit.*, p. 32.

sollicitude et d'abandon. Alors, quand la mort répond à l'appel de la mode, elle ne fait que tomber finalement, dans son sillage, sur l'infinie succession des choses toujours plus nombreuses que celle-ci a mortifiées, abandonnées, marginalisées et rendues désuètes à cause du mouvement même de cette mise à jour qu'elle impose comme actualisation frénétique des objets et des sujets. Quand la mort se tourne vers elle, elle ne rencontre donc que les amoncellements de nos décharges. Mais c'est justement en tant que *thanatologie* que la mode parvient à avoir toujours un coup d'avance sur la mort.

La référence à Leopardi est donc des plus pertinentes. Contemporain de Grandville, il avait su saisir avec autant d'ironie, dans son dialogue, la proximité de la mode et de la mort dans l'alternance de décomposition et de renouvellement que subissent les « choses d'ici-bas »[1]. La mode, selon Leopardi, n'a pas à attendre l'appel de la mort pour pouvoir achever sa parabole : elle la convoque d'elle-même, quand c'est le bon moment. Née elle aussi de la Caducité, elle est en ce sens apparentée à la mort (« je suis ta sœur, la Mode »[2]), puisque toutes deux ont en commun la même tâche, celle de « renouveler perpétuellement le monde »[3]. Et elles partagent aussi le même mode opératoire, en infligeant toutes sortes de tourments à l'humanité. Combien d'efforts, d'embarras, de douleurs et de tortures – dit à la Mort une Mode consciente de son pouvoir – je pousse les hommes à endurer « pour l'amour de moi »[4].

Nous voyons bien aujourd'hui comment, dans cette succession continuelle de « décomposition » et de « renouvellement », le *présent de la consommation* – c'est-à-dire le présent qui, en

---

1. G. Leopardi, « Dialogue entre la mode et la mort », *op. cit.*, p. 32.
2. *Ibid.*, p. 31.
3. *Ibid.*, p. 32.
4. *Ibid.*, p. 33.

dépit de tout, reconnaît dans l'expansion de la consommation la source principale de son auto-affirmation et de sa richesse – utilise la mode *comme un levier pour garantir sa propre actualisation.* Certes il se laisse dépasser avec une vitesse jamais vue auparavant (avec pour conséquence le fait que tout ce qui nous apparaît nous semble déjà obsolète), mais c'est seulement pour pouvoir mieux renaître, en réaffirmant ainsi la logique des objets et des sujets qui est la sienne. On comprend alors pourquoi l'immortalité que Leopardi avait repérée dans la mode fait d'elle une alliée incontournable de notre présent : celui-ci recourt à elle justement pour s'approprier son immortalité. Plus encore : il s'identifie à elle, en devenant *le temps même de la mode*, le temps de l'innovation obsolescente. Plus habile que la mort, le présent de la consommation connaît parfaitement ce que la mort semblait justement ignorer dans le *Dialogue* de Leopardi : la *puissance* de la mode[1]. Et il en est tellement conscient qu'il en fait précisément sa propre devise.

En ce sens, il y a une relation étroite entre la mode et l'innovation, dans la mesure où le *novum* dont l'une et l'autre se font les vecteurs a pour effet de laisser les choses "comme elles sont". Le présent de la consommation se consomme lui-même, mais seulement dans le but de confirmer cette logique des objets et des sujets dont l'élargissement du capital investi est la principale raison d'être : ainsi le présent de la consommation et la consommation du présent sont-ils fonction l'un de l'autre. De ce point de vue, l'innovation est, comme la mode, un facteur de stabilisation de notre rapport marchand au monde.

La triste esthétique de l'actuelle *innovation esthétisée* des objets d'usage se teinte alors d'une mélancolie généralisée. Tel est le sentiment que nous éprouvons quand nous réfléchissons sur nous-mêmes, quand nous nous interrogeons sur le sens-

---

1. *Ibid.*, p. 34.

pour-nous de cette *stylistique de l'efficacité* (avec ses gadgets, ses postures et son lexique anglo-saxon) à laquelle nos performances sont instamment appelées à se conformer et à laquelle est confiée notre propre rénovation. Face aux objets et à leur *renovatio*, notre boulimie découvre hélas bien vite qu'on ne peut jamais dire "cette fois, c'est la bonne".

Comprenons-nous bien : ce n'est pas que d'autres "ouvertures" au monde soient impossibles. Elles sont bel et bien possibles, comme nous le voyons chaque jour quand il arrive que nos relations avec les choses ou avec autrui soient gouvernées par une inclination à faire passer le calcul narcissique et avide (et nécessairement exclusif) après le sens vécu dans l'intensité expressive de sa plénitude, indépendamment de toute autre considération, ou bien encore quand notre engagement en faveur d'un projet, d'une personne ou d'une cause est si poussé qu'il finit même par friser l'abnégation. Si le terme n'était pas contaminé par la rhétorique de la "terre natale" et des "liens du sang", on pourrait même se référer à la célèbre dichotomie de Ferdinand Tönnies[1] pour reconnaître dans ces moments-là la résurgence, au détriment des principes de la société (*Gesellschaft*), de quelque chose qui est de l'ordre de la communauté (*Gemeinschaft*).

Autant d'expériences dont nous ne manquons assurément pas de constater l'existence. Mais leur caractère intermittent, leur discontinuité et leur rareté par rapport au "cours habituel des choses" révèlent une fragilité qui les expose continuellement à cette dévalorisation de la gratuité désintéressée ("qui donc te force à le faire ?") qui fait partie *de facto* de notre relation actuelle au monde environnant. « Actuelle », précisons-le, autant que peut l'être une vision des choses qui ne fait que reproduire et exacerber la *Weltanschauung* de l'économie néo-classique et son

---

1. *Cf.* F. Tönnies, *Communauté et Société. Catégories de la sociologie pure*, trad. fr. N. Bond et S. Mesure, Paris, P.U.F., 2010.

anthropologie essentiellement gouvernée par les notions d'utilité et de bien-être, mais en suivant une conception typiquement moderne de ce que sont censés être l'"utile" et l'"intérêt". Ou encore : une vision des choses qui – pour employer cette fois le langage de l'idéalisme – reproduit et exacerbe le dogmatisme naïf du *Sinnenmensch*, la tendance de l'« homme sensuel » à absolutiser le monde sensible, en cédant à cette habitude morbide que Fichte aurait certainement qualifiée de simple « passion *sensible* pour l'être » [1].

Dans la situation présente, la « passion sensible pour l'être », c'est l'immédiateté du temps prétendument réel qui impose partout sa loi au vécu : l'immédiateté du discours politique, de l'action économique et des messages d'information, soucieux de capter leur public en étant plus forts que sa distraction ; et, surtout, l'immédiateté de la jouissance sans délai ; mais aussi l'immédiateté de la connaissance, obsédée par le désir de se déployer d'emblée dans l'empirie et d'y trouver sa place en tant que *dispositif*, en tant que *facteur de réorganisation* de l'expérience du monde et en tant que moyen d'*orienter* les pratiques. Outre ses évidentes répercussions sur la conduite de la recherche, une telle préoccupation décide aussi du sens même du savoir : l'époque de la triste esthétique est également celle de la subordination de la connaissance à l'immédiateté du résultat et à son vacarme. Comme si l'unique forme de *médiation* encore possible était la *notoriété médiatique*.

Mais l'esthétique qui se plie à un tel ordre du monde et s'associe à cette temporalité autodestructrice de la prise directe est triste pour d'autres raisons encore que celles que nous avons dites. Si elle l'est, c'est aussi précisément à cause de son aptitude innée à sentir (*aisthèsis*). Malgré l'euphorie que suscite la beauté

---

1. *Cf.* J. G. Fichte, *L'initiation à la vie bienheureuse, ou encore La doctrine de la religion*, trad. fr. P. Cerutti (dir.), Paris, Vrin, 2012.

des objets vers lesquels on se tourne, elle voit bien l'impasse à laquelle aboutit le modèle qui était censé permettre de généraliser au monde entier les conditions de notre bien-être. Ce modèle se révèle en effet aujourd'hui franchement suicidaire, puisqu'il sape ses propres fondements matériels – des fondements, entendons-nous bien, qui ne se réduisent pas à la simple existence de la planète Terre, mais qui sont cet ensemble de facteurs qui, depuis des temps immémoriaux, ont fait de la Terre une planète hospitalière – alors qu'une planète "naturellement" inhospitalière est bien ce qui semble nous attendre tous sans distinction.

La même tonalité mélancolique qui obscurcit par moments l'exubérance de notre vitalité agitée imprègne donc également la triste esthétique. Et c'est peut-être précisément ce qui la rend si agressive et si sélective : tant il est vrai que nous sommes aujourd'hui confrontés à des gadgets et à des espaces privés toujours plus raffinés qui contrastent avec des espaces publics toujours plus hideux – quand ils ne sont pas purement et simplement abandonnés à eux-mêmes. Cette lucidité qui se teinte parfois de mélancolie est la pitié désespérée qui marque plusieurs manifestations de l'art contemporain : pitié de l'art envers le monde et ses habitants, pitié de l'art cachée sous le voile puéril et désormais inoffensif de ses provocations et de sa spectacularisation comme *événement*, c'est-à-dire comme valeur marchande.

Demandons-nous à présent ce que tout cela signifie sur le plan de notre rapport au cycle de vie des marchandises. Que recherchons-nous exactement en usant et en abusant d'elles ?

chapitre 3
la vie des marchandises :
quatre déclins

déclin 1 : la mémoire affective

Le terme "démodé" rend aujourd'hui un son archaïque. Il fait penser à ces vieilles tantes, maîtresses d'école ou loyaux « gendarmes de l'État » dont Leo Longanesi constatait l'agonie dès le début des années cinquante : emblèmes d'un monde en cours de déclassement où l'avarice, la pudeur et le sens de l'ordre constituaient l'inflexible norme pédagogique sur laquelle on était censé régler sa propre conduite et celle des autres[1]. « Démodé » est un terme indissolublement lié à un univers où les postures, les articles vestimentaires et les mentalités, aussi dépassés fussent-ils, réussissaient tout de même encore à déployer une incontestable énergie, et à avoir la force d'adresser des avertissements capables de se faire entendre et de se faire respecter.

Ce mécanisme de synthèse caractéristique d'un monde où le passé ne l'est jamais vraiment nous semble aujourd'hui complètement incompréhensible et inconcevable, même si, comme nous avons cherché à le montrer dans les pages

1. L. Longanesi, *Ci salveranno le vecchie zie ?*, Milano, Longanesi, 2005.

précédentes, notre époque ne compte évidemment pas un moins grand nombre de choses destinées à vieillir, et même à vieillir avec une vitesse qui est sans commune mesure avec celle du passé. Tout se passe comme si le déclin de ce monde entraînait avec lui l'adjectif « démodé » lui-même, entendu comme la possibilité même de désigner ainsi ce qui se soustrait à cette continuelle "remise à jour" à laquelle sont invités nos comportements et les objets que nous utilisons. Si une chose dépassée ne peut plus apparaître que comme vieillie, s'il n'est plus permis de la qualifier de démodée, alors c'est qu'un changement radical a dû se produire dans la condamnation qui frappe l'inactualité. Bien plus : un changement radical a dû se produire au niveau de la pérennité axiologique même des choses, au niveau de la possibilité pour elles d'avoir une valeur, et par conséquent d'exister, alors même qu'elles ne donnent plus rien à voir qui relève de l'actualité. Il y a là, pour la chose, deux destins radicalement différents. Une vieille chaussure n'a pas les mêmes possibilités de survie qu'une chaussure démodée, et le fait même de ne plus pouvoir la percevoir que comme vieille implique une vision du monde totalement différente : différente dans la manière dont *on se rapporte* aux objets et différente dans la manière dont *on les pense*.

La première différence concerne une forme de la mémoire – nous l'appellerons "mémoire affective" – que notre expérience actuelle du temps tend à désactiver dans notre rapport au passé et aux objets "qui sont passés". Et c'est justement cette désactivation qui immobilise les choses du passé à l'intérieur d'une dimension qui, nous l'avons vu, semble ne plus avoir d'autre lien avec notre présent que notre plaisir de la dépasser. L'obsolescence constitue ici une condamnation sans appel, car l'objet qui en est frappé ne peut plus compter sur aucune affectivité qui soit capable, dès lors qu'il est tombé dans l'inactualité, de perpétuer son sens et son usage. Nous nous trouvons alors dans le royaume de la mémoire non affective, en tant qu'elle est précisément une mémoire de la désaffection. Cette mémoire ne demeure encore mémoire que pour nous permettre d'admirer dans ce qui est passé la gloire d'un présent autosuffisant – le passé étant justement le miroir où se reflète *la distance entre tout ce qui méritait d'être dépassé et ce à cause de quoi cela a été dépassé.*

Mais la face cachée de cette gloire, ce sont les montagnes de déchets que nous accumulons chaque jour, en raison de notre actuelle prédisposition à la production d'ordures. Voilà la conséquence de l'impressionnante désinvolture avec laquelle nous mettons *hors* d'usage ce qui, encore un instant auparavant, s'inscrivait parfaitement *dans* nos usages, et dont aucune raison d'ordre purement technique – sauf quand il s'agit d'intégrer quelque nouvelle fonction – ne saurait justifier l'abandon, comme cela se produit pourtant régulièrement avec nos moyens de communication et d'information. On ne saurait d'ailleurs expliquer autrement les sommes qui sont massivement investies dans le *design* des objets du quotidien et dans le renforcement de ce que nous pourrions appeler leur intégration polyfonctionnelle : une implacable stratégie de mise au ban qui condamne à l'obsolescence, avec une incroyable rapidité, leur aspect (leur forme) et leur utilité (leur fonction). Ainsi sommes-nous confrontés à la tâche de renouveler continuellement des objets et des artefacts dépassés. Mais la conséquence de cette perpétuelle innovation, c'est l'existence d'un monde dont l'ameublement se révèle toujours plus dépassé, sans pour autant avoir la possibilité d'être démodé, du fait même de notre actuelle incapacité d'attribuer aux choses qui nous entourent une valeur fondée justement sur une disposition affective de la mémoire et indépendante de leur séduction immédiate. En ce sens, notre condition rappelle à certains égards celle de l'esthète de Kierkegaard qui, indifférent à toute progression cumulative de l'existence et de son univers affectif, troque la continuité du temps contre l'intensité érotique de l'instant, en jouant constamment avec l'effet de la surprise et de la nouveauté et avec leur consommation. Notre mémoire est brève, incapable d'avoir des attaches affectives durables avec l'univers des objets, parce que, tout comme l'esthète de Kierkegaard, elle privilégie une relation au temps et aux choses dominée par une intensité rhapsodique à qui la nouveauté et la surprise donnent son attrait voluptueux[1]. « Voluptueux » et, dans le même temps, lié à la consommation, puisque la logique qui gouverne aujourd'hui notre manière de nous rapporter aux objets est sous-tendue par la possibilité d'un accroissement illimité de leur consommation, conformément au type de relation dans lequel nous entraînent les marchandises. Mais là réside justement le problème : tout objet tend fondamentalement au statut de marchandise, ce qui explique entre autres pourquoi la mode est aujourd'hui devenue le principe régulateur du cycle de vie de presque tout ce qui est fabriqué et commercialisé – et pourquoi elle est la condition même, sinon de son succès proprement dit, en tout cas de sa visibilité.

Le déclin de la mémoire affective, c'est-à-dire de la mémoire qui savait inscrire l'existence dans une dialectique des comportements démodés et des comportements à la page correspond en un certain sens au déclin de la mémoire tout court. Et d'ailleurs, à quoi bon se souvenir, si le passé n'est plus en mesure de s'insérer d'une manière productive dans le flux des réaménagements qui donnent chaque jour sa forme à notre présent ? À quoi bon le faire, si un tel flux est bien plutôt suscité par la capacité des sujets et des objets à se réinventer continuellement, en ne passant plus

---

1. S. Kierkegaard, *Ou bien... ou bien*, trad. fr. M.-H. Guignot et F. et O. Prior, Paris, Tel-Gallimard, 1984.

par aucune médiation du passé et en mobilisant constamment l'innovation au point d'obscurcir l'espace de l'expérience? Ce qui compte à présent, c'est bien plutôt l'affirmation d'existences prétendument inconditionnées, c'est-à-dire libérées de tous ces éléments résiduels qui continueraient à faire exister ce qui *n'est plus* au détriment de ce qui doit *être à présent*. Où l'on voit bien comment le déblaiement du monde s'effectue aussi bien dans les espaces mentaux que dans les espaces matériels : c'est le destin même des sujets qui est aussi concerné par celui des objets.

L'absolu du temps revêt aujourd'hui la forme du présent. C'est sa logique même que reproduisent les sujets et les objets qui habitent ce présent sous les formes d'existence qui leur sont propres – les dispositifs de production, de communication ou de formation, les styles professionnels, mais aussi les passions, les désirs, les attentes et les frustrations. Et d'ailleurs où donc, sinon à travers toutes ces formes-là, le présent pourrait-il se laisser saisir comme cette dimension abrégée du temps et de l'espace où se joue notre rapport à la réalité et dont dépend l'évaluation de nos aptitudes?

déclin 2 : la texture historique du monde

Si nous en venons maintenant à la manière dont sont pensés les objets, nous voyons comment elle reflète cette même trame discontinue dont sont également faits nos décisions, nos projets et, de façon générale, la signification qu'il est possible d'assigner à nos pratiques. Nous sommes pris dans une continuelle dispersion d'occasions, de conjonctures et d'urgences qui définissent une quotidienneté totalement indifférente à la texture historique du monde. La temporalité des objets perd non seulement sa continuité traditionnelle, mais aussi son épaisseur et les strates de sa profondeur. En un certain sens, l'amincissement des objets, qui les fait tendre vers une silhouette toujours plus allégée, maniable, compacte et élancée, est moins une réponse à un impératif de fonctionnalité que l'emblème de cette superficialité d'un temps qui s'amincit au point de se désintégrer en instants éparpillés, jusqu'à rendre totalement vaine la fonction de la mémoire. De même que nos actions tendent à être prises dans un ici et maintenant qui épuise tout le champ des ressources, des objectifs et des projets possibles, de même les objets partagent-ils cette désintégration érosive du temps. Ils sont efficaces, actuels et fonctionnels, conformément à une idée de la performance qui, tout comme dans le domaine de nos comportements, a intégré l'impératif d'une double rapidité : rapidité dans l'action et rapidité dans la consommation. Dans les deux cas, ce qui organise l'ordre des objets et l'ordre des personnes, c'est une finalité qui ne conduit jamais au-delà d'elle-même, puisque, dans l'action et dans la consommation, elle parvient à se reproduire constamment elle-même à l'identique.

L'érosion du temps et son arrogante tendance à se ramasser dans l'instantanéité du présent sont, en ce sens, le signe le plus tangible de sa totale incapacité à l'éversion : il habite l'innovation et se soustrait pourtant à toute transformation. Ce n'est donc pas un hasard si, aujourd'hui plus que jamais, l'immanence prend le visage du "réalisme". Notre manière de penser les objets s'inscrit en effet dans un réalisme inhibant toute ouverture du temps vers un ailleurs qui ne serait pas reconductible au principe de leur permanente substituabilité – "permanente" dans la mesure seulement où cette substituabilité est *constamment renouvelée*. Le paradoxe n'est qu'apparent. Notre manière de penser les objets ne fait que refléter cette claustrophobie temporelle dans l'anxiété qui gouverne notre course à l'actualité, c'est-à-dire dans le désir obsessionnel de demeurer constamment à l'intérieur de ce que nous pourrions appeler la simplification *présentiste* du temps. A l'aide d'objets usuels continuellement renouvelés, nous n'assurons pas seulement notre propre remise à jour pour satisfaire notre désir de contrôler un présent qui nous interpelle avec insistance : à travers la maîtrise de leurs fonctions toujours plus poussées, nous légitimons également la nature d'une *praxis* qui se trouve ainsi confirmée dans sa structure profonde justement grâce aux innovations introduites au niveau de la surface. Le déclin de la mémoire en général n'est donc pas sans rapport avec tout ce mécanisme. Ainsi notre vie devient-elle toujours davantage une vie de surface, au point que la surface finit par revêtir l'aspect de la réalité pleine et entière elle-même : au-delà de cette surface, il ne semble plus y avoir rien d'autre que les signes d'une hallucination qui prend tantôt la forme de l'idéologie, tantôt celle de l'utopie, mais jamais rien en tout cas avec quoi il soit possible de se confronter.

Les sujets et les objets n'existent plus que dans le cadre de cette temporalité atomisée qui les condamne à une impitoyable obsolescence : et c'est la même condamnation qui frappe la *pietas* de la mémoire.

déclin 3 : le *continuum*

Le fait que les objets ne parviennent plus à être démodés signifie alors qu'ils partagent avec nous cette carence temporelle qui est également au cœur de notre expérience quotidienne de l'accélération. Si nous éprouvons le temps comme une ressource trop rare qui aiguillonne nos existences tout au long d'une course de toute façon trop lente pour tenir le rythme de nos obligations et de nos objectifs, c'est à cause de la manière dont notre présent neutralise le *continuum* de l'histoire. Il ne s'agit pas toutefois ici du *continuum* des célèbres *Thèses* de Benjamin, c'est-à-dire de ce « temps homogène et vide », linéaire et purement cumulatif – dérivé de l'historisme – qui, aux yeux de Benjamin, interdisait toute possibilité, pour chacun des présents singuliers alignés sur l'axe historique, de s'ouvrir, en un geste tout à la fois politique et messianique, à la subversion révolutionnaire. Car ce qui au contraire constitue aujourd'hui le fait notable, c'est ce présent qui cannibalise le *continuum* en tant que vecteur possible d'une éversion active. L'émancipation de chaque présent par rapport au *continuum*, que Benjamin appelait de ses vœux comme la condition de la libération et qui s'est finalement réalisée pour des raisons qui n'ont rien de philosophique, a paradoxalement abouti à dresser la même barrière que celle qu'avait érigée le temps homogène et vide de la culture historiciste[1].

Ce n'est pas alors un hasard si l'actuelle pénurie de temps est avant tout le signe du mépris dont fait preuve le présent envers tout ce qui agit dans le sens d'une transformation radicale – nonobstant l'invitation pressante qui est faite aux objets et aux sujets d'être innovants. L'autosuffisance du présent se nourrit justement de cette élision qui met hors-jeu tout ce qui pourrait venir contester son autoréférentialité. Nous en faisons nous-mêmes l'expérience tous les jours, dans cette course effrénée vers un profil idéal d'efficacité qui débouche sur l'accroissement incontrôlé d'un déséquilibre entre les ressources temporelles disponibles et les tâches à expédier. Animés d'une inquiétude à la fois grincheuse et complaisante, comme l'avait déjà signalé Adorno, nous affirmons "ne pas avoir" le temps et être pressés du fait de sa rareté[2], alors que le problème est plutôt celui du modèle du temps dont nous disposons trop abondamment et à travers lequel nous organisons notre relation au monde.

Il convient dès lors de s'interroger sur le fonctionnement de ce modèle, au moment où ce qui est en jeu, c'est notre usage des

---

1. *Cf.* W. Benjamin, *Sur le concept d'histoire*, § XIV et XVII, trad. fr. O. Mannoni, Paris, Petite Bibliothèque Payot, 2013, p. 75 et 79.

2. T. W. Adorno, *Minima Moralia. Réflexions sur la vie mutilée*, trad. fr. É. Kaufholz et J.-R. Ladmiral, Paris, Petite Bibliothèque Payot, 2003.

artefacts dont nous disposons aujourd'hui, soumis à un impératif de l'innovation qui paralyse toute possibilité d'une authentique transformation. Revenons alors à notre observation initiale. On a vu comment l'impératif de l'innovation, c'est-à-dire l'incitation à se mettre soi-même à jour et à mettre constamment à jour nos milieux de vie, a eu pour effet de rendre caduques l'ici et le maintenant. La plupart d'entre nous vivent dans une relation aux choses et aux personnes qui est dominée par le sentiment de l'inactualité.

Dans un premier cas, cela est dû au fait qu'il y a désormais pour les marchandises une loi incontournable qui les condamne à être toujours en défaut par rapport à la réalisation de leurs potentialités. Le développement et l'accroissement de leurs potentialités est d'ailleurs ce que, aujourd'hui, nous appelons "innovation". Dès son apparition sur le marché, la marchandise est prise dans cette exténuante confrontation avec elle-même, ou bien avec une version améliorée d'elle-même – celle-là même qui la condamnera à la mise au rebut.

Dans un second cas, le sentiment d'inactualité vient de ce que, sur fond d'une discontinuité propre aux contextes de la vie moderne, la loi de la mise à jour des instruments se met à gouverner également nos rapports intersubjectifs, en nous invitant continuellement à reconstruire nos relations – qu'elles soient affectives, professionnelles ou mondaines – sur la base de la fonctionnalité du moment. Nous consommons alors les relations comme nous consommons les marchandises.

Ainsi s'ouvre devant nous un monde où le présent est condamné à se dépasser lui-même en vertu d'un décret qui privilégie l'accélération considérée comme le style de toute performance, que ce soit celle des choses ou celle des personnes. Nous pouvons dire alors que l'usure frappe aussi bien les personnes que les choses. Tel est le mécanisme dans lequel l'anthropologue

Arjun Appadurai voit le fondement de l'incitation moderne à consommer : allons, achetez dès aujourd'hui, non pas parce que vous ne serez bientôt plus à la mode, mais parce que votre époque elle-même ne le sera bientôt plus. [1]

Si cependant nous observons d'un peu plus près ce mécanisme dont la mode est le principe régulateur, on peut constater comment, chez les objets, l'obsolescence est la condition même d'une caractéristique qui est absente chez les sujets : les objets sont capables d'exister moyennant un continuel renouvellement. Nous allons donc à présent tenter de lire ce phénomène à travers la catégorie de la "vitalité".

déclin 4 : la finitude

Cette marchandise qui n'est plus capable d'être démodée est à la fois la cause et l'effet de son obsolescence. Elle la produit autant qu'elle la subit. Son mode d'être consiste en un perpétuel devenir qui agit par substitution : elle passe d'une forme à une autre pour resurgir transfigurée, faisant ainsi la preuve d'une fonctionnalité et d'une beauté dont la puissance d'affirmation n'a d'égale que sa capacité à refouler leurs versions immédiatement précédentes. Nous avons déjà vu comment, dans ces conditions, le « retour du refoulé » prend la forme d'une accumulation ingérable de déchets, d'ordures et d'émanations toxiques qui altèrent l'équilibre environnemental, en compromettant la résilience de l'écosystème.

La vitalité des marchandises, c'est leur aptitude à s'imposer à travers la nouveauté malgré la brièveté de leur cycle de vie. Plus précisément : c'est l'inépuisable énergie grâce à laquelle elles construisent, avec une rapidité foudroyante, la perception

---

1. *Cf.* A. Appadurai, *Après le colonialisme : les conséquences culturelles de la globalisation* [*Modernity At Large : Cultural Dimensions of Globalization*], trad. fr. Fr. Bouillot, Paris, Payot, 2001.

de leur propre obsolescence. Du côté de l'utilisateur, on peut dire que la jouissance et la consommation définissent des modes d'être exclusivement marqués par la reproduction de la vitalité du système des marchandises, comme si la "vie" était désormais passée du côté de ces moyens qui, selon le projet même de la civilisation, auraient dû au contraire la renforcer en la rendant encore plus autonome, pour libérer les sujets des servitudes traditionnelles et finalement pour les émanciper. Si nos observations sont correctes, alors la jouissance et la consommation ne définissent pas seulement une forme de vie vouée à promouvoir le dynamisme exubérant d'objets capables de se renouveler sans répit, mais elles constituent également les principaux vecteurs de la possibilité donnée aux sujets d'"avoir une vie". On peut aussi dire la même chose en inversant le point de vue : la possibilité qui est le plus à portée de main pour l'individu qui veut exprimer sa propre vitalité consiste à devenir soi-même une marchandise. À travers l'adhésion pleine et entière au cycle des marchandises, donc à travers la marchandisation de l'individu *entendue précisément au sens d'une appropriation de leur vitalité*, la forme actuelle de l'existence parvient à s'assurer une éternelle renaissance qui, dans la figure du consommateur-jouisseur, semble pouvoir bannir de son horizon l'expérience de la finitude. Tout se passe comme si nous mourions et renaissions à chaque fois, à travers une généralisation de l'expérience de l'éphémère dont la particularité tient à ce que, au lieu de se présenter comme successives, la nouveauté et la caducité se donnent à voir simultanément. Cette caractéristique se distingue de l'actuel principe de la mode et permet de radicaliser une observation faite par Georg Simmel au début du siècle dernier. Ce qui est décisif, selon lui, ce n'est pas tant ce sur quoi porte l'innovation que l'innovation en elle-même, c'est-à-dire la succession *récurrente* du début et de la fin, de l'arrivée et du départ, de la nouveauté et de la caducité – tellement « récurrente », souligne Simmel, que le début finit par se confondre avec la fin, l'arrivée avec le départ, et la nouveauté avec la caducité. Comme il le dit dans la magistrale leçon qu'il consacre à ce thème, l'attrait de la mode résiderait précisément dans cette production symbolique de la frontière qui indique la ligne de crête entre le passé et le futur, nous permettant ainsi de nous situer entre ce qui n'est plus et ce qui n'est pas encore [1]. Dans notre perspective, la signification précise de ce phénomène est que les sujets sont soustraits à l'expérience symbolique du devenir temporel, de telle sorte qu'ils puissent adhérer à un présent aussi instantané qu'éphémère, qui se renouvelle cependant en maintenant une substantielle identité avec soi-même. Nous arrivons ici au point capital. C'est encore Simmel qui a souligné comment dans le phénomène de la mode s'affirme un très fort sens du présent. Être à la mode, suivre les instructions de la mode, en assumer le style et l'incorporer dans nos propres gestes et dans notre propre langage (comme, par exemple, quand nous disons qu'un tel objectif est notre *mission*), cela revient aussi à adhérer toujours pleinement au présent. À le vivre et en même temps à le reproduire, à en être le vecteur en suivant une stylisation de l'existence qui fait de la mise à jour l'un des éléments essentiels de la valorisation du soi. Il s'agit d'une remise à jour qui est effectuée à travers une mobilisation totale des énergies en direction de ce que nous avons précédemment appelé le présentisme du présent. Formes, fonctions, savoirs, compétences, matériaux, *design* : on doit constamment les remettre tous en jeu, afin de développer et de renforcer leur emprise sur un présent qui ne demande rien d'autre que d'être saisi et confirmé dans son mouvement perpétuel – un mouvement qui anime les objets et les sujets.

---

1. *Cf.* G. Simmel, *Philosophie de la mode*, trad. fr. A. Lochmann, Paris, Allia, 2013.

Mais, comme l'a très bien vu Peter Sloterdijk, plus rien de ce qui se meut ne relève encore de l'histoire[1]. L'objet qui maintenant me regarde alors qu'il est condamné par son inefficacité ne me parle plus, parce que s'est évanouie la mémoire capable d'en entendre l'appel. Son temps ne diffère guère du temps d'aujourd'hui, sinon par ce *minus* qui le rend encombrant, lent, dysfonctionnel : il reste le même, mais situé à un niveau qualitatif inférieur. Voilà pourquoi il ne mérite pas d'être pris en charge par la mémoire. Le seul endroit possible pour le conserver, en l'absence d'une opération de recyclage industriel, c'est le tiroir ou bien tout autre lieu de stockage domestique où s'accumule le bric-à-brac des innombrables objets qui sont sortis du champ de notre attention. Sa renaissance réside toujours uniquement dans son remplacement par des versions mises à jour et dans la luxuriante prolifération de ses descendants. Sa disparition est sans appel, mais c'est pour faire place aux versions qui se succèdent sans le moindre intervalle – dépassées du fait même de leur propre rénovation. Et c'est justement cette disparition de l'intervalle qui rend aujourd'hui tout à fait improbables les réalités démodées. C'est comme si, en un certain sens, l'expérience du vieillissement se passait du temps : aussi soudaine que l'apparition de la nouveauté.

1. *Cf.* P. Sloterdijk, *Le Palais de Cristal. À l'intérieur du capitalisme planétaire*, trad. fr. O. Mannoni, Paris, Pluriel, 2011.

chapitre 4
l'inversion du sublime

voiles et tromperies

Les effets du déséquilibre environnemental ne concernent pas seulement la nature au sens où ils en perturbent, pour ainsi dire, la "naturalité". Ils concernent également nos propres corps, en les exposant à des réactions et à des transformations dont il est pourtant difficile, en l'absence d'un savoir expert, de déterminer les causes d'une manière exhaustive et précise. Ici, en effet, nous évoluons dans un domaine où il n'y a rien d'intuitif.

Ce qu'on peut aisément observer aujourd'hui, c'est bien plutôt une floraison intempestive des plantes, des températures inhabituelles et une certaine indiscernabilité des saisons (pour nous en tenir aux manifestations les moins dramatiques du phénomène).

Et il y a aussi d'autres transformations, impliquant directement notre organisme et ses réactions, que l'on a du mal à reconnaître pour ce qu'elles sont – c'est-à-dire très précisément *une conséquence de la crise dans laquelle a fini par plonger le processus de coadaptation du système social et du système écologique.* La difficulté à "voir" est due ici au fait que la relation entre le corps et l'écosystème dans lequel il s'inscrit ne s'impose pas immédiatement.

Rattacher à la crise écologique les processus de désertification du sol dans des régions entières, c'est aujourd'hui chose relativement facile, tout comme il est aisé d'établir un lien de causalité entre la diffusion dans l'atmosphère de gaz à effet de serre et les mutations climatiques à grande échelle. Il est en revanche beaucoup plus difficile de reconnaître un tel lien entre le nombre croissant des affections de l'appareil respiratoire, notamment chez les enfants, et l'altération progressive de la résilience de l'écosystème[1], ou bien entre l'ictus cérébral et l'augmentation de la quantité des particules ultrafines.

Certes, les agressions subies par le corps peuvent être de nature très variable. Elles peuvent, par exemple, être liées à une organisation du travail dans laquelle l'expérience du stress devient un élément central du processus de production lui-même ; ou bien liées à un style de vie personnelle déterminé ; ou encore liées à un choc affectif imprévu. Dans tous ces cas, il est relativement facile de remonter du contrecoup somatique jusqu'à sa source, *étant donné que celui qui fait l'expérience de la situation critique s'y trouve directement impliqué.*

Mais quand il s'agit des agressions du corps par l'environnement – avec les pathologies liées à la pollution –, l'implication dans la situation critique n'est pas de même nature. *Au contraire, c'est la situation elle-même qui finit par être occultée.* Nous avons en effet tendance à oublier la réalité de la biosphère en tant que milieu de reproduction, de maintien et d'expansion de la vie – et, par voie de conséquence, de chacune de nos existences –, parce que les milieux dont nous avons conscience sont ceux au sein desquels s'effectue notre commerce quotidien avec le monde. Autrement dit, ce qui nous préoccupe, c'est l'univers plus ou moins immédiat des relations intersubjectives, l'univers de la production, de l'habitat, de l'évasion et de la consommation,

---

1. *Cf.* G. G. Marten, *Human ecology : basic concepts for sustainable development*, Londres, Earthscan, 2001.

celui-là même qui assure, facilite ou entrave les possibilités de nos mouvements. Telle est la raison pour laquelle l'identification d'une cause ou d'un ensemble de causes pathogènes rate complètement sa cible.

Il est d'ailleurs inévitable que nous mettions ainsi au premier plan un certain type de milieu, puisqu'il représente l'ensemble des domaines dans lesquels nous nous projetons en tant que travailleurs, citoyens, amants, consommateurs – et ainsi de suite.

S'il y a ici une tromperie du corps, il s'agit d'une tromperie due à une perception limitée du cadre dans lequel se déroulent nos existences, mais surtout à une conscience insuffisante des différents niveaux interdépendants qui structurent ce cadre.

Si l'on me demande "où je suis", quand j'agis en visant tel ou tel but, la réponse ne saurait se réduire à l'indication de l'espace d'où je tire les moyens, les ressources et les informations pour atteindre le but en question. Je "suis" en effet toujours également ailleurs que dans cet espace-là, c'est-à-dire pris dans une relation de faible impact ou de fort impact environnemental avec la planète tout entière. Or cette relation est, elle aussi, un espace (un "où"), mais la possibilité de la percevoir est masquée par les nombreuses médiations qui s'interposent entre une suite d'actions déterminées et leurs effets indirects, lesquels s'écartent des fins qui étaient visées par cette suite d'actions. Il s'agit donc d'un "où" éloigné de mon emplacement et des activités qui lui donnent forme, *et pourtant très proche pour ce qui est de l'emprise, c'est-à-dire du pouvoir, qu'exercent ces effets*. En termes de perception, cependant, cette proximité est dissimulée en raison de l'hégémonie des cadres par lesquels nous devons passer quand il s'agit pour nous de nous équiper techniquement ou symboliquement afin de faire face – ou, plus simplement, afin de pouvoir réagir – aux situations, aux choses et aux personnes[1].

---

1. *Cf.* F. Papi, *Il lusso e la catastrofe*, Côme-Pavie, Ibis, 2006.

la beauté stupéfiante

Dans la deuxième de ses *Cinq Méditations sur la beauté*, François Cheng cite, à propos de la nature, l'un des éléments de ce qu'il définit comme la perception commune du beau : « la magnificence de l'aurore ou du couchant partout dans le monde »[1]. Mais l'auteur remarque aussitôt notre difficulté à nous étonner et à nous émerveiller devant une nature qui, sous ses aspects les plus spectaculaires, nous a été donnée et redonnée à voir tant de fois, et avec des finalités tellement diverses, qu'elle ne peut plus nous apparaître autrement que comme un stéréotype. Et pourtant la stupeur et l'émerveillement devraient à chaque fois pouvoir retrouver le chemin de notre sensibilité, de sorte qu'il redevienne possible, devant la beauté de la nature, de libérer un regard semblable au regard de celui qui, incrédule, serait en mesure d'assister pour la première fois au « matin du monde »[2].

La beauté qui nous échappe est une beauté qui, en tant qu'objet d'une vision spectaculaire, a subi les effets d'un processus de spectacularisation si souvent répété que ses destinataires ont fini par être immunisés contre elle : de là découlent la banalité du beau et le fait qu'il ne nous parle plus. Et pourtant, nous avertit Cheng, s'il y a chez les hommes un sens du sacré et du divin, sa source se trouve moins dans l'observation du vrai que dans celle du beau, c'est-à-dire dans l'observation de sa capacité originaire à nous stupéfier, par « la splendeur d'un ciel étoilé dans le bleu de la nuit », par la « superbe course des antilopes dans la savane »[3] et par cette « énigmatique splendeur, qui éblouit et subjugue »[4]. Et, à ce stade de son propos, Cheng poursuit en

---

1. F. Cheng, *Cinq Méditations sur la beauté*, Paris, Albin Michel, 2008, p. 27.
2. *Ibid.*, p. 28.
3. *Ibid.*, p. 27-28.
4. *Ibid.*, p. 29.

suggérant un rapprochement entre la dimension mystique de la beauté et cette forme numineuse de la beauté que constitue le sublime kantien (*das Erhabene*) – un point sur lequel nous reviendrons très bientôt.

La beauté dont il est question ici est la beauté de l'Univers considérée comme un attribut même de l'être, comme un principe vital destiné à « [maintenir] ouvertes toutes ses promesses »[1], une beauté dont le sceau se trouve dans la vie elle-même et dans le mouvement que celle-ci accomplit pour réaliser sa plénitude. C'est une beauté pensée à partir de la dynamique même de la nature, c'est-à-dire à partir de tous ces épisodes où l'on voit de quelles merveilles celle-ci est capable, comme par exemple dans le cas de la rose qui, « sans pourquoi », « fleurit parce qu'elle fleurit ; / sans souci d'elle-même, ni désir d'être vue ». En montrant une telle compréhension de la gratuité et, en même temps, de l'originaire puissance générative de la fleur, ce distique du poète Angelus Silesius cité par Cheng[2] nous parle d'une beauté qui peut être élevée au rang de principe même du beau.

Or quand on rapproche l'expérience du beau de celle du sublime, on fait généralement allusion à une dimension esthétique qui dépasse l'expression de la mesure, de l'harmonie et de l'équilibre, pour suggérer comment, dans la beauté authentique, sont à l'œuvre une exubérance, une puissance et une force capables de surpasser non seulement notre sensibilité de spectateurs, mais aussi les limites mêmes du monde.

Reprenant à notre compte un tel rapprochement – quoique dans un but tout différent –, nous voudrions à présent revenir à notre point de départ.

---

1. *Ibid.*, p. 31.
2. *Ibid.*, p. 32.

la contamination du corps et de la conscience

La perception du cadre dans lequel se sédimentent les externalités négatives de nos actions est limitée. Autrement dit, l'ampleur globale du contexte qui constitue le fondement de notre vie quotidienne nous échappe. Nous perdons en effet de vue le fait que notre monde, celui qui se présente quotidiennement à nous comme le contexte de référence impensé de nos pratiques, fait partie d'un monde – la planète entière – dont dépendent tout d'abord la *possibilité* même de sa propre existence, et en second lieu la *qualité* de cette existence. Les savoirs experts nous informent aujourd'hui sur l'état critique du globe terrestre avec un degré de certitude généralement reconnu. Et pourtant, comme nous l'avons dit, lorsqu'elles sont à l'œuvre, nos pratiques tendent à oublier ce contexte fondamental – avec peut-être de bonnes raisons pour cela.

Tâchons à présent d'approfondir davantage le problème, en tentant de rattacher ce qu'on peut appeler la "crise de régénération du système de la nature" à l'un de ses effets en particulier : l'existence avérée de conditions climatiques hors normes et la réception paradoxale qu'elle suscite lorsque cette anormalité favorise paradoxalement notre bien-être.

Essayons de réfléchir sur le climat, plus que clément et tempéré, dont il nous est donné de faire l'expérience sous nos latitudes depuis plusieurs hivers. Nous profitons de cette douceur comme s'il s'agissait d'un interminable automne sec et tiède qui ne connaîtrait pas de précipitations. Et puis il n'est pas rare que nous nous retrouvions catapultés dans le climat en tous points estival de certains printemps tout aussi aberrants, exceptionnellement chauds et humides. Conséquences du bouleversement climatique, ces conditions extraordinaires sont alors capables de nous offrir des journées lumineuses, des paysages accueillants, des aubes et des couchers de soleil "déphacés" pour ce qui est de leurs couleurs, de leur lumière et de leur tonalité. De tout cela il nous a été possible de profiter, et nos corps en profitent effectivement en réagissant aux sollicitations du milieu naturel avec une totale indifférence aux facteurs sous-jacents à ces aspects esthétiques. Faut-il alors ici aussi parler d'une tromperie du corps? Si tromperie il y a, c'est celle de l'immédiateté, qui nous fait réagir aux anomalies positives du milieu sans tenir compte de leurs causes négatives. Car *le souci des causes implique un autre niveau du soi, celui de la conscience qui s'interroge avec inquiétude sur le pourquoi.* Mais entendons-nous bien : il y a une grande différence entre cette tromperie-là et celle dont est victime celui qui est persuadé de pouvoir considérer le phénomène du réchauffement climatique comme une chance économique pour toutes ces régions qui "bénéficieraient" ainsi d'une saison agricole ou touristique prolongée au-delà de la normale; ou bien encore entre cette tromperie-là et celle dont est victime celui qui perçoit dans la fonte de la calotte polaire une amélioration des conditions d'accès aux gisements de pétrole de l'océan arctique[1]. Ici la tromperie est synonyme d'obsession pour l'intérêt à court terme, de mauvaise foi, d'irresponsabilité et de cynisme. Dans le cas qui nous occupe, au contraire, elle est bien plutôt liée aux limites de la perception du corps, à sa capacité de trouver une satisfaction "sans états d'âme" – quand lui est "donnée", par exemple, une chaude soirée estivale au début du printemps. Le corps est alors trompé par une beauté qui lui plaît, mais dont lui-même ne réussit pas à rendre compte. Cette beauté lui procure plaisir, bien-être et satisfaction sans avoir à solliciter une intelligence qui, allant plus loin, soit capable de trouver une raison à tout cela.

---

1. *Cf.* J. E. Stiglitz, *Un autre monde. Contre le fanatisme du marché*, chapitre VI, trad. fr. P. Chemla, Paris, Fayard, 2006, p. 293.

Car ici il n'y a pas d'"au-delà". Comme on l'a dit, l'"au-delà" implique plutôt ce que fait la conscience lorsqu'elle reconnaît qu'il y a un déséquilibre à l'origine de ce type de beauté – quand elle accepte, par exemple, de lier l'insolite beauté des couleurs d'un ciel d'hiver au réchauffement du globe provoqué par la diffusion dans l'atmosphère de quantités démesurées de gaz carbonique et d'autres gaz, c'est-à-dire à ce processus de rétention de l'énergie solaire que nous avons coutume d'appeler l'effet de serre.

Au moment où elle se produit, la contamination entre ces deux différents types de contact avec la beauté naturelle (la jouissance et la préoccupation) suscite chez la personne concernée un sentiment inédit. Celle-ci s'en réjouit et en souffre tout à la fois. Car, à présent, elle superpose à l'image de la beauté une image de la catastrophe – pire : elle relie la première à la seconde. *Elle voit la beauté au-delà de son apparence, comme le fruit malade de l'actuelle incapacité de la nature à supporter la pression anthropique et comme le produit d'une dynamique devenue folle.*

la raison et le plaisir négatif

C'est pour rendre compte de cet effet de contamination que nous devons maintenant recourir à la catégorie du sublime. Dans la *Critique de la faculté de juger*, Kant écrit que « la satisfaction que procure le sublime recèle moins de plaisir positif que d'admiration ou de respect ». Autrement dit, l'objet ne suscite pas un attrait immédiat, mais plutôt une alternance de séduction et de répulsion : voilà pourquoi « il vaut donc mieux la [= cette satisfaction] qualifier de plaisir négatif »[1]. Un plaisir « positif » découle, en revanche, de ces images qui provoquent immédiatement chez le spectateur un « sentiment d'élévation

---

1. I. Kant, *Critique de la faculté de juger*, § 23, dans *Œuvres philosophiques*, « Bibliothèque de la Pléiade », t. II, F. Alquié (dir.), Paris, Gallimard, 1985, p. 1010.

de la vie » et « un attrait »[1]. Le plaisir négatif est ressenti, au contraire, quand la puissance de l'image est si forte qu'elle inhibe le sujet et provoque chez lui un blocage momentané, comme si sa sensibilité n'était pas en mesure de supporter et donc d'embrasser l'ampleur de cette image, du fait de la disproportion existant entre celle-ci et elle-même. Mais alors pourquoi parler de plaisir, si ce plaisir doit être défini comme « négatif » ? Parce que, comme le précise Kant, ce blocage n'est que momentané, justement : plus l'impression de blocage et de disproportion est forte, plus grand sera le plaisir qu'éprouvera le sujet à constater que, par son « humanité », il possède la faculté de ne pas succomber devant « l'absence de délimitation »[2] d'un objet naturel, c'est-à-dire à constater que, en un sens, la nature humaine est supérieure à n'importe quelle grandeur et à n'importe quelle puissance. Le plaisir provoqué par le sentiment du sublime ne surgit donc que de manière indirecte, parce que, en tant qu'« épanchement » des « forces vitales »[3], il est ressenti après coup : une fois apaisée la crainte suscitée par une grandeur ou par une puissance à première vue insoutenables, c'est-à-dire une fois mises de côté les limites de l'imagination, l'homme reconnaît sa propre supériorité en tant qu'être rationnel capable de dépasser la dimension sensible de l'existence. S'il y a donc du plaisir dans l'idée du sublime, ce plaisir réside dans l'existence d'une faculté de l'âme – la raison – capable, après notre désarroi initial, de dépasser « toute mesure des sens »[4]. Ce désarroi et ce dépassement indiquent bien alors que, si d'un côté il y a une disproportion entre la puissance démesurée de l'objet naturel et notre sensibilité incapable de l'embrasser, d'un autre côté aucune illimitation naturelle n'est

1. *Ibid.*
2. *Ibid.*
3. *Ibid.*
4. *Ibid.*, § 26, p. 1023.

jamais susceptible de menacer la supériorité et le pouvoir dont nous jouissons, par rapport à elle, en tant qu'êtres rationnels. D'où un « respect »[1] pour la destination rationnelle de l'homme, que révèle précisément le sentiment du sublime une fois qu'on a compris comment le "sublime" ne se trouve pas tant dans l'objet naturel lui-même que dans l'idée de la supériorité de cette destination suprasensible par rapport à n'importe quelle image grandiose de la nature.

Le déplaisir et le plaisir accompagnent donc le sentiment du sublime, parce que si, d'un côté, la sensibilité et l'imagination ne sont pas à la hauteur – contrairement à la raison – de la manifestation de l'immensité de la nature, d'un autre côté, cette insuffisance favorise la prise de conscience d'une faculté non sensible – la raison, précisément – capable de la dépasser et donc d'élever l'esprit au-dessus de la nature. Ainsi la grandeur et la puissance de la nature sublime sont-elles ramenées à leurs justes proportions aux yeux d'un sujet certes conscient de ses limites en tant qu'être physique, mais conscient aussi de ses capacités en tant qu'être rationnel affranchi des lois de la nature – supérieur et libre en vertu de son humanité même. Et si, à cet égard, Kant peut parler de la nature comme d'une réalité qui semble sublime, c'est précisément en vertu de la capacité qu'elle a de susciter en nous cette aptitude tout sauf naturelle qui consiste à mépriser héroïquement tout ce qui nous préoccupe en général dans la vie quotidienne : les richesses, la santé, et la vie elle-même. Autrement dit, cette aptitude qui permet à l'homme de se soustraire à « l'apparente toute-puissance de la nature »[2] et de se sentir *infiniment* supérieur à elle.

---

1. I. Kant, *Critique de la faculté de juger*, § 27, p. 1026.
2. *Ibid.*, § 28, p. 1031.

l'inversion du sublime

Mais aujourd'hui quel spectacle de la nature est-il vraiment à même d'offrir à l'homme le miroir où puisse se refléter une pareille image de son héroïsme – c'est-à-dire l'image d'un être découvrant en lui-même la source du sublime comme promesse d'une destination supérieure à toute dynamique naturelle?

Dès lors qu'elle parvient à sortir du cercle de son exploitation instrumentalisante pour devenir un objet de contemplation ou de jouissance enchantée, la nature qui se présente à nous continue d'exercer sur notre esprit un effet d'attrait et de répulsion tout à la fois, mais pour une tout autre raison que le caractère sublime de l'homme. *Car la crainte suscitée à présent naît bien plutôt de la prise de conscience que quelque chose s'est détraqué dans le mécanisme même du processus sur lequel se fonde la spectacularité de la nature.*

Derrière la beauté d'un sublime coucher de soleil – si nous sommes encore capables de la percevoir –, nous reconnaissons la crise d'un modèle d'interaction entre le système de la nature et le système de civilisation qui a prévalu durant des siècles. Nous continuons d'être séduits par la beauté naturelle – quand nous en sommes capables –, mais nous ne pouvons feindre de ne pas savoir. *Et c'est cette conscience alarmée qui fait de toute beauté naturelle (Naturschönheit) une beauté certes sublime, mais d'après une idée du sublime qui est l'inverse de celle de Kant.*

Ainsi le sublime se surajoute-t-il à la beauté naturelle, elle aussi source d'un « plaisir négatif », parce que, même si elle résulte d'un équilibre et d'une mesure formels, sa réception consciencieuse ne provoque pas seulement un « sentiment d'élévation de la vie » et un « attrait », mais s'accompagne aussi toujours du « sentiment d'un soudain blocage »[1] et

---

1. *Ibid.*, § 23, p. 1010.

d'une crainte : le blocage qui empêche de jouir d'une beauté frauduleuse dissimulant sa nature pathologique et la crainte née du soupçon qu'aucune intervention réparatrice ne pourra jamais s'appuyer sur une convergence des intérêts assez forte pour nous mettre à l'abri de la catastrophe environnementale.

Le blocage et la crainte ne renvoient donc nullement ici à une quelconque destination suprasensible de l'humanité, *mais bien plutôt à sa pure et simple impuissance devant le résultat de ce qui hier encore consacrait la supériorité de l'homme par rapport au monde de la nature – à savoir sa capacité de disposer de ce monde comme s'il s'agissait d'une ressource inépuisable qui lui serait destinée.* Nous savons aujourd'hui qu'il n'en est rien. Et c'est ce savoir qui repeint la beauté naturelle, même sous ses formes les plus accommodantes, aux couleurs du sublime : *mais aux couleurs d'un sublime inversé, puisque la nature se voit attribuer vis-à-vis de nous un pouvoir (destructeur) que l'idée kantienne du sublime, au contraire, assignait en dernière analyse au sujet lui-même.*

Les conditions étant ainsi inversées, le sublime ne provient plus seulement de la nature chaotique, sauvage, grandiose, puissante et terrifiante, telle qu'elle se donne à voir dans les représentations romantiques : il provient aussi des visages les plus sereins de la nature, tant il est vrai que ce qui est à l'œuvre derrière leur apaisante tranquillité, c'est le même déséquilibre que celui qui est à l'origine de ses manifestations les plus destructrices. L'esprit est alors terrifié dans l'une et l'autre situations – les deux se révélant en effet également terrifiantes. Confrontés à elles, nous ne pouvons plus dire, comme le faisait Kant, que « le caractère irrésistible de [leur] force nous fait d'un côté reconnaître, à nous êtres naturels, notre impuissance sur le plan physique, mais, d'un autre côté, il nous révèle en même temps une faculté de nous juger indépendants par rapport à cette force irrésistible, ainsi qu'une supériorité sur la nature;

cette supériorité fonde une conservation de soi d'un tout autre ordre que celle qui s'offre aux *attaques* de la nature extérieure et à ses menaces. Ainsi l'humanité en notre personne reste-t-elle invaincue bien que l'homme dût succomber face à cette puissance de la nature » [1]. *Ce qui a irrémédiablement changé, c'est la nature même de l'attaque, liée comme elle l'est aujourd'hui au comportement d'une nature qui semble avoir perdu sa capacité de résilience face à la pression anthropique.* Ce que le sublime de la nature continue alors de nous faire connaître, c'est seulement notre propre impuissance et toute la tromperie qui a pu être dissimulée derrière les représentations d'une civilisation tellement sûre de sa puissance qu'elle est à présent désorientée devant les réactions et les mutations environnementales qui contredisent sans appel ses certitudes. Quant à cette puissance qui s'exerce dans notre utilisation de plus en plus rationalisée de la nature et dans notre immunisation de plus en plus sophistiquée contre ses menaces – autrement dit, dans la double fonction d'exploitation et de protection –, on ne peut plus imaginer aujourd'hui qu'elle reste garantie. Car on voit justement s'effacer cette position en retrait et protégée à partir de laquelle l'orgueilleux et admiratif spectateur kantien pouvait contempler la dynamique d'une nature déchaînée dépensant sa puissance destructrice sans l'impliquer directement lui-même.

C'est uniquement dans le périmètre tracé par cette indifférence, en vertu de laquelle il est permis au spectateur de se soustraire aux effets du spectacle, que se vérifie la possibilité de transformer l'épouvante en attirance. Le problème, c'est que les conditions actuelles ne donnent plus la possibilité de se constituer en spectateurs, car la frontière entre la salle et la scène s'est effacée. Plus personne ne peut prétendre être à l'abri. Aussi bien dans ses manifestations positives que dans ses manifestations négatives, le

1. I. Kant, *Critique de la faculté de juger*, § 28, p. 1032 (c'est nous qui soulignons).

spectacle de la nature présente les signes d'un déséquilibre qui, avant même de constituer une crise du système de la nature, constitue une crise du système de la civilisation lui-même : voilà en quel sens on peut dire alors que notre implication est toujours plus directe et plus immédiate. Nous avons perdu le privilège de demeurer en dehors, parce qu'il n'existe plus de "dehors". Et, en perdant un tel privilège, nous nous retrouvons à la merci des dynamiques naturelles, sans plus parvenir à croire que le fait de nous les représenter puisse faire émerger en nous quelque chose comme une "faculté de résister" nous permettant de nous élever au-dessus d'elles. De même en effet qu'il n'existe plus de dehors, il n'existe même plus de là-haut. Le sublime du spectacle de la nature ne suggère plus aucune élévation des « forces de l'âme », mais provoque tout au contraire dans l'âme la douloureuse prise de conscience qu'aucune beauté naturelle n'est à l'abri de la catastrophe et, qui pis est, que la beauté naturelle constitue carrément une beauté catastrophique, dans la mesure où, à travers certaines de ses manifestations, elle se révèle être elle-même le produit du déséquilibre environnemental.

Voilà donc en quoi consiste l'inversion du sublime. D'une part, elle s'étend même jusqu'à ces expressions de la nature qui ne sont pas censées être assez fortes pour susciter en nous un attrait ou une répulsion (comme l'écrit Kant), mais qui, justement, le sont aujourd'hui. D'autre part, elle correspond à un sentiment de déplaisir qui, loin de naître chez l'homme d'un désaccord purement intérieur entre son caractère sensible et son caractère rationnel, est dû à un « ébranlement »[1] (encore un terme kantien) produit par la crainte d'avoir dépassé la limite au-delà de laquelle la dégradation environnementale cesse d'être réversible. Pour la première fois, et même si elle n'est plus

---

1. I. Kant, *Critique de la faculté de juger*, § 27, p. 1027.

sublime au sens kantien, la beauté naturelle évoque des scénarios apocalyptiques : l'angoisse de l'apocalypse n'est certes pas chose nouvelle, mais ce qui se révèle bien en revanche être une chose nouvelle, c'est le fait d'en entrevoir l'ombre tragique justement à travers ces images de la nature qui, par elles-mêmes, grâce à leur harmonie, à leur mesure et à leur équilibre, devraient au contraire susciter le plaisir et le bien-être.

chapitre 5
le théâtre du régime
de la communication

Les Anciens représentent l'existence, et nous, d'ordinaire, l'effet ; ils décrivent l'horrible, et nous, horriblement ; l'agréable, et nous, agréablement.
De là vient tout le forcé, le maniéré, les grâces affectées, l'enflure ; car, si l'on travaille l'effet et pour l'effet, on ne croit jamais pouvoir le rendre assez sensible [1].

le désintérêt pour la vérité

Quand la communication d'un quelconque contenu est, d'un commun accord, mise en rapport avec la question de la vérité, entendue au sens d'une certification du vrai, c'est que, quelque part à un niveau collectif, il a déjà fallu prendre la décision de montrer un intérêt commun pour la vérité. Dans ce cas, par l'intermédiaire de la communication, l'opinion publique demande à pouvoir être associée à la production de la vérité, parce que d'une manière ou d'une autre les acteurs sociaux font leur l'idée selon laquelle le partage de la vérité peut avoir un

1. J. W. Goethe, *Voyage en Italie*, le 17 mai 1787.

effet sur la substance même de leur existence et sur la substance même du monde dans lequel ils vivent, en les promouvant et en les améliorant l'une et l'autre – dans une sorte de contribution à la diffusion de la vertu. Nous appelons "relation onto-éthique" cet entremêlement de la vérité et de la vertu.

C'est là une attente dans laquelle l'activité communicationnelle finit nécessairement par rencontrer cette dimension païdeutique où la référence à la vérité, en tant qu'elle permet de mieux orienter les individus dans les rapports qu'ils entretiennent avec eux-mêmes et avec leur entourage réel ou virtuel, s'affirme comme un élément incontournable de la mission qui est la leur. Communication et formation ne constituent d'ailleurs jamais des univers distincts, même s'il est vrai que, en fonction du contexte dans lequel elles s'inscrivent, elles peuvent être ou ne pas être amenées à se reconnaître et à s'influencer l'une l'autre. Il peut toujours en effet arriver que l'une se désintéresse de l'autre ou qu'elle ne voie pas en elle une ressource utile pour affirmer ses propres finalités. Mais il peut aussi arriver que l'une attire irrésistiblement l'autre dans son champ d'influence.

De ce point de vue, notre intérêt pour la vérité n'est donc pas séparable d'un intérêt pour une valorisation éthique de notre propre vie, c'est-à-dire pour un développement guidé par des informations pour lesquelles il soit possible de poser des exigences de validité vérifiables et partageables grâce au concours de la raison et de ses ressources analytiques. Il s'agit alors d'une valorisation dont cette vérifiabilité même constitue le point fort, dans la mesure où précisément ce qui émerge alors de (et qui est présupposé par) le processus de la communication est un type d'homme formé à la critique, au contrôle des informations et à l'argumentation fondée en raison. Mais on voit bien que c'est là une conception très ambitieuse, et sans nul doute idéalisée, de ce que devrait être la socialité communicationnelle d'une communauté éthique, c'est-à-dire de citoyens libres et capables d'assumer la destinée de leur propre histoire.

Tel est donc l'espace d'une *communauté de sujets rationnels* disposés à se reconnaître dans une utilisation du langage soucieuse de ne pas se laisser détourner par la tromperie et par l'instrumentalisation : le contrôle apporté aux messages y est pratiqué comme un exercice constant de la transparence. Et c'est précisément ce type d'espace idéal qui a permis à un auteur comme Jürgen Habermas d'observer que :

> Seules sont constitutives pour l'agir communicationnel les actions langagières auxquelles le locuteur relie des prétentions à la validité critiquables. Dans les autres cas, lorsqu'un locuteur poursuit dans des actes perlocutionnaires des objectifs non déclarés par rapport auxquels l'auditeur n'a pas en général la possibilité de prendre position, ou lorsque le locuteur poursuit des objectifs illocutionnaires par rapport auxquels l'auditeur ne peut pas, comme il en va face à des impératifs, prendre une position fondée en raison – dans tous ces cas, le potentiel constamment maintenu dans la communication langagière reste inemployé pour un lien motivé par l'intelligence de raisons[1].

Mais que se passe-t-il si l'intérêt pour la vérité vient à décroître ? Et si se met en place une certaine anthropologie qui ne considère plus cette référence à la vérité comme utile pour atteindre les buts qui sont les siens ? Autrement dit : au-delà des déclarations, la communication et son contenu d'information visent-ils encore, aujourd'hui, à être en relation avec la vérité ? Y a-t-il encore un sens à établir une relation de ce type, quand l'attention semble s'être déplacée vers des préoccupations d'une tout autre nature ?

---

1. J. Habermas, *Théorie de l'agir communicationnel*, trad. fr. J.-M. Ferry, Paris, Fayard, 1987, p. 314.

Les questions que nous souhaitons traiter à présent concernent le style de communication actuel et mettent donc au centre de l'analyse certains mécanismes de son fonctionnement. Pour éviter tout malentendu, nous observerons tout d'abord que, dans ses manifestations, la communication n'a nullement rompu les liens avec la formation. Mais c'est justement le traitement réservé au souci de la vérité qui confère au style de la communication actuel un pouvoir d'attraction si fort qu'il ne peut évidemment pas laisser indifférent le monde de la formation, pas plus que son irrésistibilité ne peut laisser indifférent le monde de la politique : formation et politique tendent même toutes deux à se confondre avec la communication, en adoptant ses stratégies et ses langages. Pour anticiper un peu, nous dirons juste ceci : la communication, la formation et la politique peuvent maintenant être caractérisées par leur entrelacement qui renforce ce qu'on pourrait appeler la "tendance à révoquer la référence à la vérité". Les réflexions qui suivent entendent donc aussi mettre indirectement en lumière quelques-uns des dangers auxquels sont aujourd'hui confrontées la *praxis* pédagogique et l'action politique. Nous appelons alors "régime de la communication" ce pouvoir d'attraction du style de la communication actuel, qui plie à son propre langage, et surtout à sa propre tonalité, tout ce qui peut avoir un rapport avec la transmission de contenus, de messages et de projets.

mutilations

Il est facile de constater à quel point le domaine de la communication et de l'information est actuellement gouverné par des projets qui privilégient une tout autre construction du destinataire que celle qui a été envisagée au début du chapitre.

Si l'on se place sur le terrain de l'information, qu'observe-t-on ? On observe avant tout qu'aujourd'hui le problème est paradoxalement celui d'une communauté de destinataires absents. « Paradoxalement » car, même si elle est plus que jamais branchée sur le courant de l'information, cette communauté se révèle continuellement distraite par un harcèlement médiatique à cause duquel il lui est très difficile de concentrer durablement son attention sur les informations qu'elle pourrait inscrire dans un projet d'ensemble vraiment sensé. Cela a pour conséquence, à ce niveau-là également, l'affirmation d'une hyperactivité généralisée qui enlève au regard – et donc à la pensée et à la parole – sa puissance de réflexion, c'est-à-dire sa capacité de mettre en perspective les événements du monde, de relever les liens significatifs entre un événement et un autre, d'interpréter les messages et les comportements – en un mot : de percevoir la trame des choses qui nous parlent.

Dans ces conditions, le destinataire cesse d'être un partenaire de la communication, pour se transformer en une proie qu'il s'agit de capturer avec les armes de la consommation, grâce à un continuel perfectionnement concurrentiel des *instruments* et des *modalités* de la communication. Il faut alors se demander ce que devient finalement ce « potentiel constamment maintenu dans la communication langagière [qui] reste inemployé pour un lien motivé par l'intelligence de raisons » auquel Habermas fait allusion et qui, dans une tradition des Lumières inaugurée par Kant, correspond à la notion d'« usage public de la raison »[1] : autrement dit, à sa forme d'émancipation la plus haute.

En ce qui concerne les *instruments*, nous ne pouvons pas ne pas voir la place qu'occupe, parmi les principales préoccupations de la communication, ce qu'on pourrait appeler la "communication de la communication elle-même", c'est-à-dire l'exhibition de la puissance de son infrastructure. Ce à

---

1. Sur cette question, je me permets de renvoyer à mon ouvrage : F. Merlini, *L'époque de la performance insignifiante : réflexions sur la vie désorientée*, fin du chap. Ier, trad. fr. S. Plaud, Paris, Éditions du Cerf, 2011, p. 55-60.

quoi le régime de la communication s'emploie principalement, c'est à mettre en scène l'incessante rénovation des moyens que la communication emploie – c'est-à-dire des instruments et des utilisateurs. La communication s'affirme en effet comme un extraordinaire *opérateur de connexions* qui conquiert toute son efficacité grâce au remarquable travail de perfectionnement de la fonctionnalité médiatique (sa performance) et de l'habileté des utilisateurs (leur alphabétisation practico-technologique). Cet opérateur introduit la technologie dans une histoire qui est linéaire et cumulative, en dépit de ses fractures apparentes, et à laquelle répond à l'inverse une discontinuité des vécus temporels. Dans cette perspective, la communication constitue donc avant tout une fonction de la technique en tant qu'opérateur de connexions : autrement dit, elle se met au service de sa volonté de puissance – pour reprendre une formule nietzschéenne dont on a usé et abusé. Nous reviendrons plus tard sur cet aspect, quand nous soulèverons le problème de notre relation aux situations du monde et de la signification qu'on doit assigner aujourd'hui à cette relation, tant il est vrai que, avant même de pouvoir *signifier*, une telle relation est aujourd'hui d'abord sommée de *fonctionner*.

Pour ce qui concerne les *modalités de la communication*, en revanche, notre propos nous ramène immédiatement à la question de la vérité. Si le souci de la vérité tend à disparaître du champ de la communication et de l'information, qu'est-ce que cela veut dire, au juste ? Cela signifie en premier lieu que, aujourd'hui, la communication et l'information sont moins animées par l'intention de partager des contenus de vérité spécifiques que par la recherche incessante d'un impact sur le public. Le phénomène qui, à cet égard, saute alors aux yeux, est celui de la théâtralisation. L'*information* sur le monde devient en effet un *divertissement* autour du spectacle du monde, autrement dit la sélection d'un monde qui puisse être représenté à travers la communication de ses événements spectacularisables[1], quand ce ne sont pas les événements eux-mêmes qui se présentent comme un spectacle. Par « théâtralisation », j'entends ce processus qui mobilise l'attention à travers les deux canaux "esthétiques" de la *sensibilité* et de l'*émotion*. Cela permet de construire un type de destinataire qui soit accessible selon les conditions que ce dispositif de sélection impose à la réception du message. Pour le système de la communication, le fait de bien prendre en compte ce dispositif signifie que la communication évite de laisser tomber les messages dans le vide – ou, plus exactement, cela signifie qu'elle condamne au « vide », c'est-à-dire au néant, à l'invisibilité, des chapitres entiers de l'information sur le monde. Le glissement de l'information vers le divertissement provoque cette occultation de certaines parties du monde sur la base d'une réorientation émotionnelle de l'attention. Aussi la mutilation de l'information concernant une partie des événements du monde s'accompagne-t-elle également d'une mutilation des destinataires de la communication eux-mêmes, puisque, au lieu d'exister en tant qu'interlocuteurs, ils n'existent jamais qu'en tant que public.

un monde tragicomique

L'intérêt pour les événements du monde se trouve donc aujourd'hui redéfini à la lumière d'un style de communication dont l'excès médiatique, au sens de l'exagération morbide de l'information, constitue l'un des grands principes directeurs. D'autre part, on a également vu comment, dans le domaine

---

1. Le thème tragicomique sur lequel portent ici mes observations est la suite de la « société du spectacle » telle que la dépeignait Guy Debord au milieu des années 1960. Sur ce point, voir sa désormais classique *Société du spectacle*, Paris, Gallimard, 1992 et, datant de la fin des années 1980, ses *Commentaires sur la société du spectacle*, Paris, Gallimard, 1992.

des instruments médiatiques, l'intérêt est stimulé au sein d'une infrastructure de communication qui s'emploie à se renforcer elle-même en augmentant la puissance de sa fonctionnalité propre. Il ne s'agit pas toutefois d'une puissance d'apparence menaçante, ce qui explique la facilité avec laquelle elle s'affirme. Comme on l'a vu dans les chapitres précédents, son astuce consiste à prêter une grande attention aux aspects ludiques des opérations de production, de collecte et de transmission de l'information : autrement dit, à l'utilisabilité comme synonyme d'évasion et de divertissement. La mutilation dont je parle prend alors une forme spécifique : celle d'une infantilisation de l'utilisateur.

Si la voie "esthétique" de l'émotion s'affirme comme le vecteur stratégique de l'accès à l'intérêt de cet utilisateur, le traitement que l'information réserve à ses contenus n'implique pas seulement l'application de critères de sélection (pour déterminer la "notabilité" de la communication), mais aussi le pli qu'on imprime à la communication de ce qui est "notable" afin d'en garantir l'impact. Ce qui est ainsi véhiculé, c'est un monde oscillant toujours davantage entre le pôle de la comédie et celui de la tragédie : un monde tragicomique où l'on rit et ou l'on pleure à la fois.

Ici aussi, l'intérêt alimenté par une telle représentation du monde se nourrit de l'immédiateté : il est aussi rapide à s'allumer qu'à s'éteindre et il ne tolère en aucun cas le moindre délai. De ce point de vue, les informations partagent le même destin que les marchandises, elles sont gouvernées exactement par la même logique temporelle, elles ne vivent et ne se reproduisent que dans la mesure où elles sont consommées. Voilà qui explique pourquoi les temps morts ne sont pas tolérés. Que signifie d'ailleurs l'injonction qui nous est faite d'accéder à l'information sur le monde en temps réel, sinon cette horreur des temps morts, c'est-à-dire de tout ce qui fait obstacle à la soudaineté avec laquelle chaque information est condamnée à sombrer dans l'inactualité ?

L'intérêt consiste alors toujours en une attention portée au présent, ou, plus exactement, à ce présent qui est en mesure de le réveiller. Il s'agit d'un intérêt qui dépend entièrement de cette capacité qu'a le présent de capter l'attention. En ce sens, il est hétérodirigé, c'est-à-dire privé d'autonomie : incapable de se fixer à lui-même la direction de son propre mouvement.

La communication du présent tragicomique ne raconte pas le système de relations constitutif de l'actualité : il mobilise notre attention autour d'épisodes autosuffisants qui transforment en spectacle un monde privé de durée. L'élision de la durée finit ici par s'accompagner également d'une disparition de la possibilité d'élaborer les éléments d'un jugement fondé. Pour le dire plus précisément : s'il y a bien un jugement sur l'information, ce jugement ne se construit qu'à partir de l'immédiateté de l'effet émotionnel que l'information est à même de susciter, et non pas à partir d'un effet cognitif. Aussi sa forme est-elle plutôt celle du *préjugé*. L'information propre au présent tragicomique est donc un puissant générateur d'idéologie. Nous pouvons voir comment cette idéologie est à l'œuvre dans les simplifications – tantôt génératrices d'agressivité, tantôt d'indifférence, tantôt encore de renfermement – qui permettent d'étiqueter les réactions de l'opinion publique confrontée aux situations d'urgence, que celles-ci soient sociales, interculturelles, économiques ou environnementales. Des « simplifications », disons-nous, car, comme nous l'avons vu, le jugement exclusivement fondé sur l'impact émotionnel est très pauvre en éléments de pondération, étant animé tantôt par la peur, tantôt par l'exaltation, tantôt par le dégoût, tantôt par l'enthousiasme, tantôt par le ressentiment, tantôt par l'euphorie – autant de sentiments qui ignorent le travail de la médiation.

À la mutilation de l'information sur le monde et à la mutilation de son destinataire, il convient donc d'ajouter la mutilation de notre capacité à réagir en connaissance de cause aux situations problématiques du monde.

La pratique du langage qui permet la reproduction du présent tragicomique contamine évidemment les autres pratiques du langage. C'est là un autre de ses effets sociaux. Et, s'il est vrai que le langage de la science se révèle relativement imperméable à cette logique, c'est de moins en moins vrai en ce qui concerne l'anticipation de ses résultats, leur communication et les attentes qu'ils font naître.

au-delà de la démagogie ?

Là où cependant les conséquences sont indiscutablement les plus évidentes, c'est dans la communication politique. Ce qui y est en effet à l'œuvre, c'est précisément cette stratégie des émotions qui condamne à l'inefficacité la confrontation des arguments, c'est-à-dire l'exercice pénible de la pondération et de la négociation. Ce domaine est donc lui aussi régi par cette même sélection – si réceptive à la subjectivité et dans laquelle tout se joue au niveau de la curiosité et du morbide – que nous avons vue à l'œuvre dans le système de l'information. Pour pouvoir devenir visibles, les comportements et les discours doivent se soumettre à la logique de la théâtralisation et donc susciter des émotions, comme s'il n'y avait rien d'autre à faire que d'entraîner les contenus de la communication vers un accroissement de leur impact émotionnel. D'où une réception divisée entre l'admiration et l'aversion. Dans ces conditions, en effet, il est inévitable que l'accord et le désaccord ne connaissent d'autre mesure que l'intensité des applaudissements et la virulence des insultes. La conséquence la plus évidente de tout ce processus, c'est la corruption de certaines des conditions qui sont nécessaires au fonctionnement vertueux de la démocratie, comme nous le verrons mieux dans le prochain chapitre.

Ici aussi l'opinion publique en pleine régression prend la forme d'un public qui, quand ce n'est pas déjà fait, ne cherche qu'à pouvoir s'aligner, afin de laisser parler ses humeurs plutôt qu'un désir de compréhension (de soi-même et des choses). Le principe de la construction de l'accord se voit remplacé par ce qu'on pourrait appeler le *principe de l'alliance impulsive*, c'est-à-dire le principe de l'adhésion à une coalition qui est compacte et pauvre en arguments, mais qui multiplie les occasions de s'exciter et dans laquelle domine une conflictualité dépourvue de toute dialectique.

La menace que tout ceci fait peser sur le corps social n'est pas nouvelle, puisque Platon avait déjà parfaitement conscience des défis à relever par une démocratie qui ne veut pas sombrer dans la démagogie. En sommes-nous arrivés là ? Il y a de quoi se le demander dès l'instant où, en plus de ce que l'on déjà pu observer, on prend conscience du rôle joué aujourd'hui par un certain facteur, la fascination, qui est l'autre aspect de la spectacularisation. Si un soin obsessionnel n'est pas apporté à leur image, les visages et les corps publics tombent dans l'anonymat, et c'est pourquoi les hommes et les discours politiques sont contraints de se créer un style. La manière dont cela se produit consiste de plus en plus souvent à faire preuve d'une vulgarité agressive : nous la retrouvons dans les comportements, l'expression des visages et le ton de la voix. Ce n'est pas sans raison que son milieu de culture actuel est celui d'une parole réduite aux slogans.

Peut-être nous trouvons-nous déjà au-delà du danger redouté par Platon, tant il est vrai qu'aujourd'hui le problème ne vient plus seulement de l'astuce démagogique consistant à tout céder aux attentes des individus, à coups de flatteries et de promesses irréalisables, mais aussi et surtout de la tendance à tout miser sur leurs penchants les plus bas, en les sollicitant, en leur donnant forme et en leur accordant la parole, en excitant leur morbidité, bref, en leur retirant toute limite. Telle est en définitive la plus puissante stratégie de stimulation de l'intérêt dont nous disposions aujourd'hui.

Pour ce qui est de leurs contenus, on voit bien que la politique et l'information suivent la même logique de marchandisation que celle qui domine aujourd'hui les objets de notre quotidien. Le devoir qui nous est alors assigné en tant qu'électeurs, consommateurs et usagers, c'est d'adopter une position primaire fondée sur l'opposition réductrice entre l'attitude de l'agrément (d'une proposition, d'un objet, d'une information) et l'attitude du refus d'agréer afin de passer ensuite à autre chose. Cette oscillation est l'unique exercice du jugement que nous risquons de savoir encore maîtriser tandis que s'atténuent nos capacités de réflexion et d'argumentation.

Juste une observation encore, concernant le domaine de la formation. Si tel est bien le modèle que visent, dans la constitution de leur public, la communication politique et la communication informative, alors le type de ressources cognitives qui sont ainsi rendues disponibles fait qu'il n'y a absolument rien d'étonnant dans l'appel à réorganiser la formation sur le mode d'un *edutainment* capable de divertir en transformant ses contenus en spectacle. Car il semble bien que nous ne soyons plus en mesure d'accepter de recevoir davantage.

L'avertissement de Goethe que nous avions mis en exergue se fait alors à nouveau entendre dans toute sa force : « si l'on travaille l'effet et pour l'effet, on ne croit jamais pouvoir le rendre assez sensible ». Il y a ici la spirale d'une dramatisation qui est contrainte de courir après elle-même parce qu'elle est obsédée par le risque de rater les effets recherchés, et cela fait aujourd'hui d'une certaine politique, d'une certaine formation et d'une certaine information de très puissants facteurs de fragilisation des individus et des institutions.

Nous tenterons alors, dans les deux prochains chapitres, de saisir d'une manière plus précise certains aspects de cette fragilisation, à partir de deux questions qui concernent plus en détail le domaine de la formation et celui de la politique. La première : qu'est-ce qui est donc arrivé aux Maîtres ? La seconde : quelle corrélation existe-t-il entre l'actuel infléchissement populiste de la politique et l'action, sur les sujets et sur les objets, de ce que nous avons appelé le télétechnocapitalisme ?

chapitre 6
maîtres, packaging, *expertises*

le paradigme Cottard

Dans les premières pages du deuxième tome de la *Recherche*, Proust nous offre une brève description du médecin Cottard qui, au-delà de tout ce que nous y apprenons de nouveau sur le personnage, dessine également une frappante image de ce dont a besoin la connaissance quand elle a pour objectif principal la production d'expertises. Habitué du salon des Verdurin, Cottard ne se distingue assurément pas par sa capacité de se montrer "spirituel" : la notoriété indiscutable dont il jouit est plutôt la conséquence de son habileté professionnelle. Son coup d'œil de médecin est infaillible et ses diagnostics sont à la fois rapides et profonds. Son manque d'esprit, en revanche, est la conséquence de son manque de culture. Mais l'un et l'autre aspects – le fait d'être un illettré et le fait d'être en même temps une sommité de renommée internationale – ne sont nullement incompatibles.

D'où les mots de Proust : « on peut être illettré, faire des calembours stupides, et posséder un don particulier qu'aucune culture générale ne remplace, comme le don du grand stratège ou du grand clinicien »[1]. Les centres d'intérêt culturels qui rendent

1. M. Proust, *À l'ombre des jeunes filles en fleurs*, éd. P.-L. Rey, Paris, Folio-Gallimard, 1988, p. 5.

une personne stimulante et charmante, agréable à fréquenter pour la richesse de sa conversation sont une chose ; le savoir qui permet d'œuvrer efficacement dans le monde en est une autre :

> Les plus intelligents d'entre les jeunes médecins déclarèrent – au moins pendant quelques années, car les modes changent étant nées elles-mêmes du besoin de changement – que si jamais ils tombaient malades, Cottard était le seul maître auquel ils confieraient leur peau. Sans doute ils préféraient le commerce de certains chefs plus lettrés, plus artistes, avec lesquels ils pouvaient parler de Nietzsche, de Wagner. Quand on faisait de la musique chez Madame Cottard, aux soirées où elle recevait, avec l'espoir qu'il devînt un jour doyen de la Faculté, les collègues et les élèves de son mari, celui-ci, au lieu d'écouter, préférait jouer aux cartes dans un salon voisin [1].

Le jeu de cartes signifie ici le désintérêt pour une éducation de la sensibilité encouragée par la culture musicale, tandis que le fait de ne pas connaître Nietzsche et Wagner révèle l'indifférence envers une culture où littérature, philosophie et art s'intègrent admirablement.

En ce sens, Cottard préfigure le style cognitif d'une époque – la nôtre – où la *libido sciendi* se reconstruit selon des logiques d'intérêt régies par un impératif précis : n'extraire *du* monde dans lequel cette *libido* est à l'œuvre que les éléments qui permettent d'agir *sur* le monde avec la plus grande efficacité opérationnelle possible. Il y a là l'anticipation d'un monde pour lequel les choses sont moins censées signifier que pouvoir fonctionner. Et la connaissance qui est nécessaire de ce point de vue, c'est une connaissance stratégique, sélective, ponctuelle, qui tire sa force d'une réduction tactique de son champ de vision (à quoi bon Nietzsche et Wagner ?) L'objectif est alors d'avoir un regard spécialisé, c'est-à-dire un regard qui, au lieu de s'ouvrir à la diversité du monde, le réduit au seul espace

---

1. M. Proust, *À l'ombre des jeunes filles en fleurs, op. cit.*, p. 5.

d'exercice de sa compétence. Sur cet espace se concentre toute l'attention d'un savoir intéressé qui se désintéresse de tout le reste. Mais c'est précisément ce désintérêt qui, sur le plan des compétences, élève Cottard au-dessus de ses collègues. Lui, en effet, est un professionnel qui, plus que les autres, reflète par son efficacité l'organisation naissante d'un monde où c'est le pouvoir opérationnel sur les choses qui assigne à la connaissance son sens et sa finalité.

Dans cette nouvelle organisation, les termes « sens » et « but » définissent la *relation d'extériorité* que se voient assigner l'existence et ses significations possibles. Tous deux renvoient à une excellence des performances qui, plus que l'existence en elle-même, concerne son contexte, c'est-à-dire le cadre de ses objectifs pratiques. On a là le mirage d'une possession du monde entendue comme absolue domination sur les choses et sur les opérations qui permettent de faire quelque chose du monde, avec l'illusion que l'acquisition de cette maîtrise correspondra aussi, automatiquement, à une possession de soi entendue comme autonomie et comme liberté.

Nous appelons au contraire *relation d'intériorité* cette disposition à la réflexion pour laquelle se former signifie avant tout se former soi-même, en faisant de soi-même un objet d'éducation. Si la relation d'extériorité ne va pas de pair avec la relation d'intériorité, alors l'expérience du monde se transforme tôt ou tard en l'expérience d'une aliénation. Je m'instruis dans le but de maîtriser le monde, mais c'est lui qui finit par me maîtriser : expérience d'une dépossession.

Si l'on considère notre époque où domine la relation d'extériorité, tentons à présent de nous demander quel rôle peut encore jouer la figure du Maître et de voir si celle-ci ne partage pas, sur ce point aussi, la même condamnation à l'oubli que celle qui pèse aujourd'hui sur la leçon des classiques.

À la lumière de tout ce que nous avons observé jusqu'ici, disons d'emblée, de manière très générale, que la rencontre avec un Maître comporte toujours quelque chose de plus qu'une simple expérience de *training*, parce que justement, tout en impliquant nécessairement ce que nous avons appelé une relation d'extériorité, elle implique aussi toujours une relation d'intériorité. En italien, ce *supplément* est indiqué par la différence qui existe, dans le milieu universitaire, entre le terme *"studente"* et le terme *"allievo"* : on est le « *studente* » de tel ou tel professeur, mais, pour signifier la richesse d'une relation d'enseignement magistral – quand, au-delà de la transmission et de l'apprentissage d'un ensemble de notions, la rencontre avec un enseignant a marqué notre parcours personnel –, le terme alors employé est « *allievo* » (dans lequel résonne encore le latin *"allevare"*, au sens d'"élever"). Tout cela disparaît cependant lorsque l'apprenant (pour reprendre un terme générique) est redéfini selon le modèle du client achetant des prestations, c'est-à-dire selon un modèle qui à son tour implique l'assimilation des connaissances au monde des marchandises, de sorte que celui qui les consomme – puisqu'en l'occurrence il s'agit bel et bien de consommation – est certainement en droit d'évaluer leur qualité et de les trouver ou non à son goût. Soit dit en passant, cette double transformation (du destinataire et de la connaissance) est à l'origine des attentes de plus en plus grandes dont le savoir pédagogio-didactique est aujourd'hui investi. Comme à toute marchandise, le principe de l'importance de l'emballage s'applique aussi aux connaissances – peut-être pas (pas encore?) au point de transformer toute action de formation en une opération d'*edutainment*, mais en tout cas au point d'assurer à la transmission de la connaissance ce même pouvoir de séduction que, indépendamment de leur contenu, le *packaging* a pour tâche de garantir aux marchandises.

assistance à la clientèle

Mais pourquoi parler d'une éclipse des Maîtres? Dans ce qu'on appelle aujourd'hui non sans emphase la "société de la connaissance", manquons-nous après tout de gens à qui leur profil permette d'exercer une activité de conseil, d'accompagnement et de soutien au profit des individus ou des organisations? Ou bien de personnes disposées à confier à d'autres cette triple tâche? Ou encore de lieux et d'occasions où il soit possible de suivre à n'importe quel âge de la vie un parcours de formation et d'acquisition de compétences? La réponse à toutes ces questions est claire : non, assurément, rien de tout cela ne nous fait défaut. Mieux : s'il y a bien une chose dont on peut observer aujourd'hui l'infinie prolifération, ce sont justement les occasions d'associer à n'importe quelle activité ou inactivité professionnelle la possibilité de suivre des formations qui sont offertes pour permettre d'acquérir des compétences et d'obtenir une requalification certifiée. La société de la connaissance – qui en cela radicalise un usage instauré par la Modernité – peut effectivement être aussi définie comme l'époque des conseillers, des consultants et des formateurs. Et, plus précisément, comme l'époque où les conseillers, les consultants et les formateurs organisent leurs activités en devenant des entrepreneurs, donnant ainsi certainement lieu à une multiplication supplémentaire de ces professionnels du conseil informé, de l'action stratégique et de la formation orientée vers la transmission de ce sur quoi on n'est jamais suffisamment à jour. Mais ce n'est pas tout : cette société est aussi celle qui contribue à l'affirmation d'un marché de la formation qui est aujourd'hui l'envers de la formation du marché. Ce dernier n'est pas en effet seulement le *terminus ad quem* des actuelles agences de formation. Il en est aussi le *terminus a quo*, dans la mesure où la formation se découvre un extraordinaire potentiel marchand et devient même un marché en soi en se reconnaissant d'une manière inédite dans la loi de l'offre et de la demande, c'est-à-dire dans le prodige d'une offre qui, avant même de répondre à une demande bien précise, passe par des alliances et par le *marketing* afin d'élaborer les instruments appropriés pour susciter une telle demande.

Si tout le monde a le droit (mais aussi et surtout le devoir) d'être instruit et guidé, et si beaucoup sont effectivement chargés de la mission de dispenser des expertises et des conseils, où est alors le problème ? La société de la connaissance n'atteint-elle pas ainsi son objectif principal, c'est-à-dire précisément la possibilité de s'appuyer sur des connaissances mises à jour et pertinentes, mais aussi et surtout susceptibles d'être démocratiquement communiquées là où il le faut et quand il le faut ? Ne crée-t-on pas alors un faux problème en se demandant ce qui est arrivé aux Maîtres et quelles répercussions leur déclin peut avoir sur l'idée même de la formation et de la culture ?

Les sociétés qui affirment vouloir faire de la connaissance leur cheval de bataille suivent la voie de ce qu'on a coutume d'appeler la "culture des experts" : autrement dit, la voie d'une institutionnalisation professionnelle du charisme qui correspond à la nature segmentée, hyperspécialisée et hypertechnologique de notre réalité. Les choses et les situations se compliquent, se différencient, et elles intègrent ou présupposent des connaissances d'un niveau très élevé qu'il s'agit d'assimiler et de maîtriser rapidement. L'assistance ou, mieux, les conseils fournis à la clientèle constituent le paradigme même de toute une série de services en l'absence desquels la complexité inhospitalière du monde dépasserait les limites du tolérable. Et ceux qui assurent de tels services apparaissent avant tout comme les agents anxiolytiques de la domestication.

Nous pouvons alors nous demander dans quelle mesure l'idée de *magisterium* (c'est-à-dire de l'office, de l'activité, de la "profession" de Maître) s'incarne dans ces figures professionnelles qui semblent remettre à jour la tradition occidentale du conseiller, du guide spirituel et du soin des âmes. Par rapport à la désorientation du client ou, tout simplement, par rapport aux centres d'intérêt de ce dernier, le consultant agit à la manière d'un poteau indicateur. Ses prestations jouent le rôle d'une boussole, elles indiquent au client ce sur quoi il convient de se concentrer, ce dont il faut se doter et ce qu'il convient au contraire d'abandonner. Elles consistent à sélectionner donc des itinéraires et enseignent au client à les parcourir.

Jusque-là, rien de formellement différent de ce que la littérature nous apprend sur la relation entre Maître et élève. Dans les deux cas, la rencontre – qu'elle soit sollicitée ou bien due à un hasard providentiel : peu importe – prescrit les *settings* d'un apprentissage guidé : une personne indique à une autre comment elle doit avancer, quelles pistes elle doit suivre et quel but elle doit ainsi atteindre. Mais il en va tout autrement si nous prêtons maintenant attention au sens que prend l'articulation entre la méthode, le choix du chemin et la finalité.

En ce qui concerne ce que nous avons appelé le paradigme des "conseils à la clientèle", il est possible d'en reconstituer le sens en le resituant dans la perspective du long terme, c'est-à-dire en mettant en évidence une continuité d'orientation entre les différents types de conseillers qui se sont succédé durant le laps de temps qui va du début de l'époque moderne jusqu'à nos jours.

La reconstitution à laquelle nous allons à présent nous référer brièvement est un savant récit qui interprète un certain passé en l'interrogeant à la lumière de l'actuelle activité de conseil entrepreneuriale pour en caractériser les racines historico-conceptuelles[1]. Disons-le d'emblée : le fait que, avec ses

---

1. *Cf.* P. Sloterdijk, *Le Palais de Cristal : à l'intérieur du capitalisme planétaire*, *op. cit.*, p. 80-99.

pathologies et ses processus, le présent agit ici comme un puissant sélecteur des "matériaux d'archives" répertoriés n'entraîne aucun anachronisme. Car le regard porté sur le passé constitue en ce cas la lentille qui permet de comprendre la situation présente en la resituant dans une perspective élargie, c'est-à-dire dans l'histoire à laquelle elle appartient. Il s'agit alors de comprendre cette situation présente mieux qu'elle ne parvient à le faire elle-même avec ses propres moyens, en dépassant le style journalistique et les lieux communs socio-politologiques au moyen desquels nous avons coutume de raconter le destin (en l'occurrence : la globalisation) qui nous a été assigné. Et c'est ainsi que, pour cet extraordinaire tisseur de continuité qu'est Peter Sloterdijk – avec son projet éclectique d'intégrer notre destin « dans une longue histoire »[1] –, le facteur qui permettrait de situer sur un même axe le style de l'actuelle activité de conseil et les services rendus par des conseillers qui montent en puissance à partir de la fin du XVᵉ siècle consiste en une propension à prendre des risques.

Celle-ci commence à se manifester lorsque, avec la première génération des grands navigateurs, le globe terrestre devient l'objet d'un nouveau genre d'intérêts cognitifs totalement étranger à la sphère de la contemplation. Sur les mers, on ne tarde pas à comprendre dans quel cadre l'époque moderne doit organiser le rapport entre théorie et *praxis*. Il n'a donc point été nécessaire d'attendre Francis Bacon pour que les contemporains se rendent compte de tout le potentiel pratique dont était porteuse la connaissance de la surface terrestre. Un siècle auparavant, non seulement les circumnavigateurs, mais aussi et surtout leurs commanditaires avaient parfaitement compris combien une certaine connaissance de l'espace pourrait se révéler rentable[2].

---

1. P. Sloterdijk, *Le Palais de Cristal : à l'intérieur du capitalisme planétaire, op. cit.*, p. 20.

2. *Ibid.*, p. 69.

Aussi « la soumission du globe à la forme du rendement »[1] caractérise-t-elle un processus beaucoup plus ancien que ne l'imaginent les observateurs inquiets des mécanismes actuels de la finance globalisée – ce qui bien sûr ne diminue en rien la légitimité de leur inquiétude.

C'est précisément ici que le risque entre en jeu. Tout comme l'espace, à l'époque des grandes découvertes géographiques, est devenu un partenaire dans une nouvelle relation tournée vers la réalisation de profits qui permettent aux proto-acteurs de la globalisation d'honorer les dettes contractées sous la forme de crédits d'investissement, de même la propension à prendre des risques est-elle devenue l'alliée incontournable de leur esprit d'entreprise. C'est cette témérité qui les a fait avancer non seulement au-delà de leur monde familier, vers ce qui commençait alors à former le mirage d'un exotisme profitable et prodigue, mais aussi en même temps vers une inédite et audacieuse politique de la dette, du crédit et de l'investissement indifférente à la condamnation morale. Plus l'argent court un risque, plus le profit souhaité sera élevé. Et que représente ici la prise de risque, sinon le courage de s'aventurer au-delà des allers-retours effectués le long d'itinéraires familiers prévisibles ? Plus exactement, que représente-t-elle sinon l'audace de faire effectuer non seulement à des personnes, mais encore à l'argent lui-même un périple qu'on ne pouvait planifier qu'en partie, étant donné le caractère incertain des lieux traversés ?

En tant qu'elle est le pendant de l'« autodésinhibition de l'acteur »[2] – sans laquelle le sujet même de l'époque moderne serait impensable –, l'expérience du risque impose à la motivation un effort extraordinaire. Il ne suffit pas que nous sachions nous motiver à l'aide d'arguments solides et convaincants : encore

1. *Ibid.*, p. 78.
2. *Ibid.*, p. 87.

faut-il étayer notre motivation sur les conseils de ceux qui sont compétents et se mettent à notre service, c'est-à-dire de ceux qui rendent plus raisonnable et moins suspect « le saut vers l'action »[1].

pôles d'intérêt

La question dont il faut à présent souligner l'importance, pour une raison qui semblera aussitôt très claire, c'est la question de la légitimation. Dans des situations de risque, en effet, non seulement la voie de l'action doit s'appuyer sur des arguments convaincants, mais elle doit faire l'objet d'une légitimation : il y a une bonne manière d'être hardi et téméraire. Le discours du conseiller est toujours aussi un discours capable de légitimer : non seulement *cette* voie-là est la bonne voie, mais encore *cette* voie-là est celle que l'on fait bien soi-même de suivre. Voilà comment se trouve légitimé celui qui ne se lance pas dans une entreprise à l'aveuglette, mais en toute connaissance de cause, c'est-à-dire celui qui, bien conseillé, sort de lui-même pour revenir à soi enrichi d'un profit – ce qui constitue pour son entreprise la meilleure justification possible, plus décisive que tous les arguments. Les raisons pour partir doivent toujours pouvoir se traduire par le succès même de l'entreprise, qui est justement la raison des raisons – c'est-à-dire ce faute de quoi elles demeureraient infondées.

On est alors aux antipodes de ce qui est pour Goethe la définition de la majesté souveraine, c'est-à-dire du « pouvoir de faire le bien ou le mal sans songer à en être récompensé ou puni »[2]. Ici, au contraire, seuls comptent les raisons, les

1. P. Sloterdijk, *Le Palais de Cristal : à l'intérieur du capitalisme planétaire, op. cit.*, p. 94.

2. J. W. Goethe, *Maximes et Réflexions*, trad. fr. G. Bianquis, Paris, Gallimard, 1943, p. 254.

motivations et les conseils capables d'inspirer des actions préparées de façon à éviter la sanction, c'est-à-dire l'insuccès. C'est donc la perspective du gain comme récompense qui est le moteur de la désinhibition légitime, la raison pour laquelle il faut s'entourer de bons conseillers, afin que la voie empruntée et les instruments employés se révèlent appropriés. Le gain ou la sanction – c'est-à-dire précisément ce que l'attitude de majesté ignore –, telle est l'alternative à laquelle s'expose celui qui se lance dans une entreprise : l'un et l'autre représentent l'eau bénite ou l'enfer des savoirs tournés vers la réalisation du profit, le critère qui permet de mesurer leur pertinence et leur efficacité.

C'est encore Goethe qui, dans l'une de ses *Maximes et Réflexions*, nous offre le cadre dans lequel situer ce que nous pouvons appeler l'activation entrepreneuriale des connaissances. Quand les connaissances sont replacées dans cette perspective de l'intérêt, tout ce à travers quoi le temps historique affirme son unité et qui peut ainsi apparaître comme une époque bien distincte se met alors à présenter un caractère d'instrumentalité.

C'est l'époque où, selon les observations de Goethe, le monde s'ouvre à l'*utilisation*, à la *consommation*, à la *technique*, au *savoir* et à l'*intellect*. Quand les conditions sont favorables, ce type d'ouverture produit assurément des situations de « jouissance durable ». Toutefois, de même que Goethe n'a pas manqué de percevoir la relation existant entre cette ouverture instrumentalisante du monde et la possibilité de profiter d'une conjoncture favorable durable, de même n'a-t-il pas manqué non plus de saisir sa relation avec l'égoïsme et avec la tyrannie – une tyrannie qui n'est pas nécessairement le fait d'un unique despote, mais qui est due à « l'action de masses entières [...], irrésistible et extrêmement arbitraire ». Lorsque, comme l'écrit encore Goethe, les forces de l'esprit sont tendues « vers l'extérieur », le monde se transforme en une immense ressource, avec pour conséquences à la fois la prospérité et les abus. Profiter de cette ressource, optimiser les interventions pour la valoriser, telle est la tâche à laquelle s'emploie la *Weltanschauung* entrepreneuriale sur la base d'un savoir dont les experts et les conseillers sont précisément les figures paradigmatiques. Aujourd'hui tout cela peut être rassemblé sous la rubrique de l'*activité conseil* et de son marché.

Mais les Maîtres, quel rôle sont-ils encore appelés à jouer dans un tel cadre? La réponse peut être très lapidaire : un rôle de subordonné, dans la mesure où ceux que Goethe appelle les « actes dirigés vers l'extérieur » font apparaître le *magisterium*, avec la *paideia* qui lui est propre, comme une expérience qui n'est pas assez ciblée. L'époque « de l'utilisation, de l'acquisition, de la consommation, de la technique, du savoir et de l'intelligence » exige des instruments de connaissance dirigés vers des aspects précis du monde (« l'extérieur »), du monde entendu comme ressource dont il s'agit de tirer profit afin de renforcer notre domination sur les choses et les situations, en plus de celle que nous exerçons sur les personnes.

Ce qui disparaît ainsi, aujourd'hui comme à l'époque de Goethe, c'est la *référence à soi*. Car, étant donné les pressions que le contexte fait peser sur lui, le soi se retrouve surtout délibérément impliqué dans le discours sur l'acquisition des compétences d'exécution, c'est-à-dire des compétences efficaces sur le plan opérationnel. Aujourd'hui tout cela peut être rassemblé dans la rubrique de la *compétence* et de son marché.

La relation d'enseignement magistral, en revanche, se donne toujours aussi comme une rencontre. Ce qu'elle met en jeu, c'est la possibilité pour le sujet de rediriger vers soi-même une partie de ce regard cognitif que le monde est nécessairement appelé à absorber quand on demande à ce sujet de transformer tous ses cadres de vie en autant d'occasions de profit. Or cette possibilité est exactement ce que l'époque de l'activité de conseil interdit, en produisant des services destinés à des sujets extravertis pour qui le « souci de soi », quand il n'a pas pour but d'augmenter leurs prestations personnelles, se réduit en fait aux occasions de régénération offertes par le marché de la *wellness*.

Pour le dire dans le langage de Goethe, ce qui disparaît alors, c'est l'action « vers l'intérieur ». Car, pour que la communication d'un enseignement parvienne à *me* parler, c'est-à-dire à créer avec moi un rapport de réflexion dans lequel il y va de tout ou partie de ma propre existence, il faut que quelque chose comme un espace de l'intériorité fasse l'objet d'une écoute. Cet espace n'est pas une donnée de fait, mais une expérience culturellement médiate qui a besoin d'être entretenue, c'est-à-dire éduquée. Or cela est loin d'être acquis, puisque, comme nous l'avons vu dans le chapitre précédent, la vérité *comme thème de la vie*, c'est-à-dire comme le pôle d'un intérêt qu'on éprouve pour ce qu'on est, peut fort bien disparaître au profit d'une construction du soi pour qui le principal centre d'intérêt consiste simplement à acquérir des compétences et bénéficier de services.

l'hyperprésent

Nous pouvons dire alors que le destin du Maître est le même que celui du grand auteur classique : tous deux connaissent un déclin dès lors que se dégrade la relation entre le présent et le passé, ou entre le présent et l'expérience. Aux yeux de qui croit se tenir à la dernière extrémité du temps – là où le temps même ne vaut que pour sa capacité de se renouveler à travers les innovations (et les formations) continuelles –, aucune leçon ne peut plus être délivrée par un passé qui n'est justement passé que parce que c'est ainsi que les choses devaient se passer : un passé dépassé par un présent qu'intéresse seulement l'incessante remise à jour de tout ce qui peut concourir à sa propre conservation. Tant et si bien que, chaque fois que ce présent est menacé par une crise (et par une crise qui, en dernière analyse, prend aujourd'hui la forme de la stagnation et de la récession économiques), les forces employées pour échapper à celle-ci sont toujours essentiellement marquées du sceau de la restauration. Les choses sont censées pouvoir tôt ou tard se remettre en mouvement comme auparavant : la crise n'est dépassée que sous la forme d'une *reprise*. Cette « reprise » signifie ici qu'on se met à marcher dans la direction opposée à celle de la *récession*, c'est-à-dire à celle de l'action de *"recedere"*, de faire marche (*cedere*) arrière (*re*) et de retomber à nouveau dans le passé : il s'agit de revenir à la vie à partir de la mort du passé. Comme nous l'avons vu dans les deux premiers chapitres, l'obsession actuelle pour l'innovation reflète justement et paradoxalement cette ambition qu'a le présent d'échapper, *sur le mode de la restauration*, à la « loi de l'Histoire ». Tout se passe comme s'il se disait à lui-même : « continue de te remettre à jour, afin de ne pas être condamné à passer ». N'est-ce pas là le mantra que nous nous répétons tous les jours ?

C'est en revanche une tout autre signification du temps qui est mise en avance dans la figure du classique et dans la figure du Maître. Le passé du classique est la voix du passé qui fait irruption dans le présent, il est le passé qui se rend présent et qui, en même temps, rend historique le présent. Et, de la même manière, l'expérience vécue par le Maître est le passé individuel réincarné et remis à jour dans le présent vivant de la parole : dans une vie vécue qui délivre sa leçon au présent, en lui retirant le privilège exclusif de *"faire autorité"*. Ainsi ces deux figures défient-elles n'importe quel présent sur le terrain qui est pour lui le plus dangereux : à savoir le domaine de ce qui rend possible sa mise en perspective, c'est-à-dire l'élimination de cette immédiateté qui lui permet de s'affirmer comme cela seul qui est en droit d'être.

Quand c'est l'immédiateté qui domine, ce que nous appelons culture finit par répondre à la logique de l'événement – c'est-à-dire au moyen le plus sûr dont elle dispose pour s'affirmer sur le marché de la créativité. Le temps de l'immédiateté est un temps synchronique qui interdit l'organisation de formes de vie structurées par le caractère progressif et silencieux de la durée, pour exalter au contraire le fracas du "coup de canon". C'est le temps du ponctuel, le temps prédisposé à la consommation. Ce temps réel est un temps de la consommation, mais aussi un temps qui se renouvelle ponctuellement dans la consommation. Plus précisément : c'est un temps que la marchandise engendre comme *son temps propre*, comme le temps de sa propre consommation. Événement, consommation et spectacularisation sont les aspects de cette réalité autoanéantissante qu'est le temps réel. Là où la spectacularisation s'impose comme le principe même de l'organisation de la visibilité, tout aspire au statut d'événement. L'« événement » est ce qui s'élève au-dessus du bruissement quotidien, ce qui éveille notre attention par sa capacité de rebondir d'un pôle à l'autre du système médiatique, ce qui s'impose émotionnellement comme une occasion unique de faire l'expérience du sens. Mais quel sens ? Le sens rendu possible par la succession incessante d'événements qui se consomment eux-mêmes pour se trouver toujours à nouveau au centre de l'attention et provoquer une consommation illimitée des informations, des images et de la communication. L'événement-spectacle est donc la célébration du temps réel, la mise en scène organisée de la consommation qui transforme en spectacle la création et la jouissance. Il est sa propre *provocatio*, c'est-à-dire une manière d'appeler (*vocare*) au-devant (*pro*) les sujets et les objets en les mobilisant. Cette intention suffit déjà à lui donner naissance.

La "culture du Maître", en revanche, suit une tout autre logique : celle du témoignage. Là, ce qui devrait idéalement pouvoir prendre corps dans les paroles et les gestes, c'est l'exemplarité d'un vécu reflété dans la pensée. Rencontrer ce vécu, se disposer à l'écouter dans la perspective de grandir et non pas simplement d'acquérir, c'est passer par la dialectique de la *mimesis* et de l'autonomie, de la fascination et de l'émancipation. Autrement dit, *la répétition comme différence* constitue l'équation qui permet de sortir de l'asymétrie inhérente à toute relation d'enseignement, d'échapper à son pouvoir et à ses pièges manifestes. C'est seulement comme différence que la répétition cesse la réitération d'un déjà-vu, et qu'elle permet ainsi d'éviter le maniérisme et la scolastique, et de ne pas être emmailloté dans le confort fatal de la « séduction du père ».

On comprend bien alors que l'actuelle éclipse des Maîtres (et, du coup, des classiques) est la conséquence d'une incapacité de notre présent à accepter sa propre historicisation. C'est pour cette raison que ce dernier met continuellement en valeur le thème de la fin de l'Histoire. Et le fait que, par ailleurs, cette disparition des Maîtres (et des classiques) hors du champ de notre *praxis* s'accompagne d'une démultiplication de la figure du gourou sous toutes ses formes imaginables – depuis le guide de méditation jusqu'au *trainer* d'entreprise ou au *coach* sportif – ne constitue nullement une contradiction. À condition de prendre le terme dans un sens assez douteux, on peut qualifier de "sage" celui qui enseigne à accepter les choses telles qu'elles sont, ou bien à se mouvoir de la meilleure façon possible dans le cadre du donné, en se mettant en phase avec lui – et notamment, bien entendu, avec le succès, comme on le voit bien avec les déclinaisons managériales de la culture *new age*.

Or sans doute est-il vrai qu'il existe entre le sage, le classique et le Maître, une certaine correspondance, étant donné que, là où se trouve l'un d'eux, il y a toujours aussi un peu des deux autres. Mais cela s'explique par le fait que, en étant un modèle idéal, le sage représente pour le Maître ce que, grâce à son charisme, le Maître est pour son disciple. À la suite de la disparition des grands fondateurs des diverses écoles philosophiques – disons à partir du IVᵉ siècle avant J.-C. –, quand l'écriture et donc le commentaire, l'exégèse et l'interprétation se substituent à la parole vive et à son écoute, le Maître qui n'est plus présent *in corpore* se transforme en un *corpus* textuel. Il devient l'ensemble de ses écrits et de tout ce qui reste de ses écrits, ou bien encore de toutes les transcriptions qui ont pu être faites de son enseignement. Or là réside précisément le passage de la figure du Maître à celle du classique, chez qui continue aussi de vivre l'aspiration à l'idéal de la sagesse.

Mais cela ne peut continuer de valoir que là où le présent se soucie de la préservation du passé, lorsque dans le dialogue avec le passé il croit pouvoir trouver un moyen, non pas pour dépasser, mais au moins pour encadrer plusieurs de ses propres aspects critiques et surtout pour se penser lui-même différemment de ce qu'il est. Ce qui est donné alors ici, c'est cette ouverture sur la différence qui, dans les conditions que nous avons vues, est le propre de toute Leçon véritable.

Mais pour l'époque du présent amnésique les choses se passent tout autrement. Si, comme cela se produit aujourd'hui, le temps est tout entier absorbé dans l'innovation, seuls le présent, ses ressources, ses techniques et ses fuites en avant semblent pouvoir offrir aux "opérateurs de la connaissance" des leçons plausibles. Ainsi notre contexte est-il celui d'un présent amnésique qui se débarrasse du passé de la même manière que, à travers le développement continu de leurs qualités, il se défait des objets en organisant stratégiquement leur obsolescence sans attendre qu'ils aillent au bout de leur parcours, car ce qui compte le plus pour le présent actuel, c'est de camper dans la nouveauté, de faire de la place pour le nouveau, de façon à se soustraire lui-même à l'obsolescence qui est son destin. Voilà pourquoi, comme nous l'avons vu, les objets et les connaissances sont sélectionnés en fonction de leur aptitude à retrouver leur vitalité pour s'inscrire dans un processus d'innovation continue, en se présentant eux-mêmes comme les vecteurs de l'innovation.

Pour que la voix d'une Leçon puisse parvenir à l'oreille du présent, certaines conditions sont requises. La première condition, qui est la plus générale et dont les autres découlent en grande partie, c'est la non-surdité. La seconde condition, c'est l'existence d'un canal par lequel elle puisse transiter. Être sourd à une voix, c'est ne pas être en mesure de l'entendre. Cette voix a beau circuler avec insistance, s'il n'y a pas d'oreilles pour l'entendre, sa présence équivaut au néant. Mais, dans le cas qui nous occupe, le problème n'est pas seulement la disparition d'une prédisposition particulière à l'écoute et l'apparition d'une attention qui sélectionne d'autres centres d'intérêt – l'actualité, le commérage, l'esthétisation de soi, le profit etc. : le problème est aussi la corruption des canaux à travers lesquels cette voix devrait pouvoir parvenir jusqu'à nous. Pour le dire d'une manière non métaphorique : la difficulté que nous avons maintenant à rencontrer la voix du Maître ou celle du Classique, leur œuvre et leur leçon est certainement la conséquence de notre actuel rapport au passé et à l'expérience, c'est-à-dire la conséquence de la forme que prend aujourd'hui notre manière de nous souvenir. Or nous pouvons affirmer sans hésiter que celle-ci prend, au mieux, la forme du soupçon et, au pire, la forme de l'oubli.

Nous sommes les otages d'un présent qui, même au plus fort d'une crise profonde de ses propres fondements institutionnels, de ses propres modalités de reproduction et de ses propres contenus de vérité, continue de camper fermement sur ses positions. Autrement dit, ce présent privilégie encore et toujours une lecture qui interprète comme de simples incidents conjoncturels les turbulences qui viennent fracasser la continuité paisible de nos pratiques, de nos mœurs et de nos manquements. De toute façon, tout est censé pouvoir redevenir comme avant : en supposant qu'il existe une mémoire pour un tel présent, ce n'est qu'une mémoire de lui-même, de sa propre identité – une mémoire de très court terme. Et il ne saurait en être autrement, dès lors qu'une telle identité est hors de toute discussion : son incontestabilité est précisément ce qui fait obstacle à l'éclosion d'une *mémoire d'autre chose*. Mais elle est aussi ce qui inhibe la pensée même du futur comme *attente d'autre chose*. Nous qualifierons donc notre présent de "présent détemporalisé" – qui rassemble en lui-même le passé et le futur. C'est comme si ce présent disait : « rien de ce qui est passé ne surpasse – en termes de valeur et d'efficacité – ce dont moi je dispose ; et rien de ce qui pourrait se présenter dans le futur n'excède mes possibilités, sinon à titre d'optimisation et de radicalisation de ce que je suis déjà ». Mais il y a alors ici une préemption du futur par un présent hyperbolique que, étant donné l'extension qu'il prétend avoir, nous pouvons sans hésitation qualifier d'*hyperprésent*.

Dans ces conditions, le savoir qui soutient et qui légitime la pensée critique cède le terrain à des connaissances qui, face à un processus ou à un état de choses donnés, se soucient essentiellement de la possibilité de les gouverner, de les administrer, de les piloter et de les gérer : c'est le savoir du *management*. Cet oubli du présent (génitif subjectif) est une forme d'annulation de l'altérité, l'affirmation d'une identité de la pensée et de la réalité. Dans sa forme aujourd'hui dominante, la pensée tend en effet à se réduire à une pure et simple pensée de la réalité donnée (génitif tout à la fois objectif et subjectif) : autrement dit, à une optimisation de ses procédures et de ses mécanismes, et à la description de son fonctionnement. Dans un tel contexte le Maître – qui, quand il en est vraiment un, garde toujours en lui quelque chose du modèle socratique – constitue nécessairement une figure embarrassante : il devient pour ainsi dire un occupant illégitime de l'espace du savoir.

Nous pouvons aussi ne pas songer seulement au Maître dans son sens littéral (c'est-à-dire à tel ou tel Maître en chair et en os) : étant donné ce que nous en avons dit dans ce chapitre, sa figure peut tout aussi bien être comprise comme l'allégorie d'un savoir très conscient du fait que, aussi techniquement organisé qu'il soit, aucun engagement dans le monde extérieur ne peut avoir le moindre sens s'il n'est contrebalancé par une concentration tout aussi organisée et clairvoyante sur l'intériorité. Privée de toute considération pour ce que Goethe appelle la « trame de la vie intérieure », l'orientation entrepreneuriale de la vie n'est qu'une routine intéressée, un calcul. Parler métaphoriquement d'une éclipse des Maîtres, c'est donc avant tout dénoncer ce déséquilibre entre extériorité et intériorité : d'un côté, la pressante incitation à l'acquisition de compétences technico-opérationnelles pour maîtriser les situations et les contextes ; de l'autre, l'indifférence la plus totale non seulement aux techniques permettant de se cultiver et de se façonner soi-même, mais aussi à l'espace dans lequel il s'agit de les employer afin que quelque chose comme une intériorité puisse à nouveau s'affirmer. Nous disons bien "s'affirmer", et non pas "être redécouverte", car cette intériorité ne repose pas quelque part dans l'attente que quelqu'un la dévoile. Elle n'existe que dans la mesure où l'on cultive en soi-même la sensibilité qui lui donne forme et substance : exactement comme cela a pu se produire quand l'âme semblait être davantage que ce fallacieux "supplément d'âme" dont on se réclame aujourd'hui hypocritement pour adoucir le caractère cynique de notre commerce avec les autres et avec le monde.

Le déséquilibre de la civilisation ne peut plus se cacher derrière une satisfaction relevant de la boulimie, car la voie de la consommation compulsive (actuellement soutenue par le crédit) et de la croissance indéfinie est désormais obstruée par cet avertissement que constitue l'insoutenabilité sociale et environnementale. La pression anthropique sur l'écosystème, la mobilisation des ressources et la transformation du monde lui-même en ressource ont une limite qu'aucune histoire indéfiniment progressive ne saurait plus réussir à repousser. Malgré toute cette immatérialité dont on parle tant, il demeure encore et toujours une pesanteur impossible à éliminer avec laquelle nous devons compter à tous les niveaux. Car, de toute évidence, la désorientation qui en découle provoque à son tour une fragilisation : une fragilisation qui amalgame le destin des sujets avec leur milieu de vie, quelle que soit par ailleurs l'excellence de leurs espaces de confort et malgré tout le savoir gestionnaire offert par les expertises et l'activité conseil.

La démesure et l'illimitation finissent donc par se confronter d'une manière dramatique à l'expérience de la finitude : bon gré mal gré, il leur faut retourner sur les bancs de l'école d'Athènes, pour réapprendre l'immense leçon de la juste mesure et de la limite.

Mais le déséquilibre que nous avons décrit offre également un terrain très propice au développement de projets régressifs de "gestion" de la *res publica*. Comme nous l'avions annoncé, nous nous demanderons donc dans le prochain chapitre quel lien tout ceci peut avoir avec l'actuelle dérive populiste de la politique, en montrant comment celle-ci, au lieu de neutraliser les éléments stressants et anxiogènes de la société de l'immédiateté, les multiplie et les amplifie.

chapitre 7
Calliclès ressuscité

la politique des bons petits plats

Nous allons partir de loin, mais seulement parce que souvent ce qui est lointain est aussi ce qui est très proche. Dans le *Gorgias* de Platon, ce dialogue subversif et sans égal consacré à la « vie véritable », Socrate dit à Calliclès[1] :

> Je pense que je suis l'un des rares Athéniens, pour ne pas dire le seul, qui s'intéresse à ce qu'est vraiment l'art politique et que, de mes contemporains, je suis seul à faire de la politique. Or, comme ce n'est pas pour *faire plaisir* qu'à chaque fois je dis ce que je dis, comme c'est pour faire voir, non pas *ce qui est le plus agréable*, mais *ce qui est le mieux…*

Rentrons tout de suite dans le vif du sujet : le problème surgit lorsque (parmi les « contemporains ») l'idée de bien ne trouve plus aucun écho dans l'auditoire, quand elle cesse de constituer un *guide d'orientation* pour l'existence. Ce qui semble alors pour le destinataire du discours politique compter davantage que le bien, c'est la possibilité pour lui de se reconnaître dans des

1. Platon, *Gorgias*, 521e, trad. fr. M. Canto, Paris, GF-Flammarion, 1993, p. 300. C'est nous qui soulignons.

déclarations qui soient à même de capter ses propres attentes
– que celles-ci relèvent de l'inquiétude, de la frustration ou
du désir. De les capter, disons-nous, mais seulement de façon
à pouvoir offrir dans un langage simplifié quoique persuasif
des réponses immédiates et apparemment à portée de main :
autrement dit, des réponses qui puissent indiquer sans hésitation
quelle est la cause des problèmes et *comment* la supprimer sans
trop de complications. Socrate fait alors observer que, dès que
cela ce produit, c'est l'espace nécessaire à la véritable politique
qu'on voit disparaître complètement. Les conditions ne sont
plus en effet réunies pour permettre l'exercice d'une politique
entendue comme soin de l'âme : en s'obstinant à croire encore
en l'existence d'un bien public qui ne soit pas directement
réductible à la singularité intéressée des différents points de vue
(conformément à la position de Calliclès), on s'expose alors à
un jugement impitoyable qui nous condamne à ne susciter que
de l'indifférence. Mais par quel tribunal un tel jugement est-il
émis ?

Certes le tribunal auquel se réfère Socrate est une farce. Il révèle
bien cependant dans quelle impasse s'engage une démocratie qui
prend le risque de la démagogie. Voici la situation décrite dans
le dialogue : qu'on se figure une salle de tribunal dans laquelle
l'accusateur serait un confiseur, l'accusé un médecin et les jurés
des blancs-becs immatures et gâtés. « Enfants – dirait le confiseur
en s'adressant au jury, vois l'homme qui est responsable des
maux que vous avez soufferts, il déforme jusqu'aux plus jeunes
d'entre vous en pratiquant sur eux incisions et cautérisations
[…], vous donne à boire d'amères potions […]. Ce n'est pas
comme moi, qui vous fais bénéficier d'un tas de choses, bonnes
et agréables ». Et si jamais l'accusé répondait : « Mes enfants,
tout ce que j'ai fait, je l'ai fait pour votre santé », on peut être
certain que les jurés lanceraient un hurlement de protestation et

feraient bien du vacarme, comme Socrate le dit à Calliclès dans sa conclusion [1].

Une politique des petits plats, c'est donc une politique qui ne s'intéresse nullement au bien (à la tempérance, à l'harmonie et à la justice) de la *polis*. Pire : c'est une politique pour laquelle la *polis* en tant que référent privilégié de l'action politique n'existe même plus. La seule chose qui continue d'exister, c'est le souci de satisfaire les revendications d'une subjectivité privée de liens, individualisée et repliée sur elle-même, c'est-à-dire juste soucieuse de faire valoir, selon le contexte, sa propre jouissance, sa propre hégémonie et une demande en réparation pour ses propres frustrations.

Ce qui disparaît ici, c'est la légitimité même de normes et d'interdits qui, comme le soutient Calliclès avant Nietzsche, ne seraient en réalité que de simples moyens employés par la faiblesse pour limiter la volonté d'expansion de la force et son droit de gouverner et de dominer : comme s'il n'était pas contre-nature que, en recourant aux lois pour brider le *leadership* des plus audacieux, les plus faibles aient le dessus sur eux! Ce que la *Loi* redoute dans l'empire de la *Nature*, c'est un pouvoir incompatible avec l'ordre légal que lui dicte sa propre "nature". Voilà pourquoi elle tente de la neutraliser. Ou plutôt : la Loi elle-même naît comme un dispositif contre-Nature. On parle de « Loi », mais en réalité celle-ci n'est que l'expression d'une faiblesse qui s'assure des moyens d'imposer son ordre : elle est l'impuissance qui se fait force. Et l'idéologie de l'égalité naîtrait précisément de cet intérêt personnel qui se fait passer pour de la justice [2]. Quand il est sacrifié au profit du droit de la Loi et de la fiction de l'égalité, le droit naturel à la domination des meilleurs sur les médiocres perd de sa vigueur et la société est

---

1. Platon, *Gorgias*, 521e-522a, p. 301.
2. *Ibid.*, 483a-c, p. 212.

alors plongée dans une (in)justice équivoque, où c'est la légalité naturelle – la seule légitime – qui se trouve finalement bafouée. La Loi et la Nature sont ici la négation l'une de l'autre, parce que leurs légalités respectives instaurent des ordres du monde incompatibles. Si c'est l'une qui prévaut, l'autre est fatalement appelée à succomber.

Plus que la figure de Socrate, c'est donc la figure de Calliclès qui nous intéresse dans le *Gorgias*. Car, si on l'interprète à la lumière de ce qui se produit aujourd'hui, son personnage incarne dans le même temps deux processus de régression dont les effets sont visibles aux yeux de tous : la dérive *démagogique* de la politique et la dérive *spéculative* de l'économie. D'un côté, l'art de flatter les attentes du *dèmos*. De l'autre, l'incapacité à accepter les normes et les interdits, le mépris pour tout ce qui peut faire obstacle à la libre affirmation de la puissance, c'est-à-dire pour le bridage arbitraire de la domination des élites – ce qui aux yeux de Calliclès revient à se rendre coupable de méconnaître que c'est l'abus de pouvoir, et non la tempérance, qui est l'état naturel des hommes.

Quel est donc l'homme politique calicléen ? C'est celui qui affirme son pouvoir en fourbissant ses instruments pour flatter le peuple et lui complaire. Sa politique est alors la variante cynique d'une communication du consensus ; ou, mieux encore, elle constitue une exploitation tactique – une instrumentalisation – de la démocratie. Le moyen pour parvenir à ce résultat s'appelle l'*art oratoire* et son champion est le *démagogue* – cette radicalisation extrême de la figure du *sophiste* –, tandis que le résultat le plus certain de ses exploits, à long terme, c'est la *tyrannie*.

À travers la figure du démagogue et de ses sophismes, nous pouvons voir combien la démagogie se trouve au cœur même de la démocratie. Chez Platon, si l'on suit la leçon du livre VIII de la *République*, elle en est même l'issue inéluctable, avant de se transformer elle-même en tyrannie. Ce glissement est presque inévitable, tant il est vrai que la démocratie entretient avec la vérité et avec le bien une relation extrêmement fragile – une relation toute prête à se défaire pour laisser la place à l'exaltation des instances les plus incontrôlées et les plus irrationnelles de la volonté, celles-là mêmes sur lesquelles la rhétorique politique fait fond. Cette fragilité a aussi, chez Platon, quelque chose à voir avec l'irresponsabilité de celui qui, par opportunisme, associe la politique davantage à l'art culinaire qu'à la technique médicale. Voilà comment se produit un déplacement significatif où l'on passe du consensus comme résultat d'un échange dialectique fondé sur des raisons au consensus comme effet de l'"art" de la flatterie et de l'adulation. Avec un objectif précis : satisfaire l'auditoire, en privant les destinataires du discours politique de l'exercice de l'argumentation, pour en faire les cibles d'une stratégie de persuasion purement publicitaire. Celle-ci se montrera d'autant plus efficace qu'elle sera davantage capable d'anticiper, de représenter et d'exalter leurs attentes, en se polarisant exclusivement sur elles et en en faisant ainsi l'axe même de l'action politique. Il n'est donc plus question de ce que nous devrions nous engager à réaliser ensemble, mais de ce que nous désirons entendre comme discours ou comme promesses. C'est toute la différence qui sépare, d'une part, la recherche de l'accord autour d'une certaine idée du bien et de l'équité, et, d'autre part, l'habileté avec laquelle on donne la parole à l'imagination et aux désirs d'un citoyen considéré seulement comme un électeur-spectateur.

Ce qui devient alors le principal problème politique, c'est l'interception stratégique des "besoins" du citoyen, qui réduit en fait le destinataire du discours politique à des désirs qu'il faut satisfaire. Ce destinataire n'existe plus en tant que cellule de la sphère publique et membre d'une communauté : il ne continue d'exister que comme ensemble d'attentes anticipables, et il n'intéresse plus qu'en raison de ce qu'il désire entendre. En ce sens, comme Platon l'avait parfaitement vu, la proximité du démagogue avec le *dèmos* est totalement trompeuse, puisque, au lieu d'être le destinataire d'un projet politique, le peuple devient le pur et simple instrument d'une investiture électorale – ce qui a pour résultat de réduire la démocratie elle-même à une simple procédure électorale.

la télépolitique
des petits-enfants de Calliclès

La crise de créativité du *design* politique – ce problème immense auquel nous sommes aujourd'hui confrontés – se traduit alors justement chez les héritiers de Calliclès, c'est-à-dire dans les courants populistes actuels, par cet insistant appel lancé au peuple en tant que source immédiate de la légitimation. La préoccupation principale de cet appel n'est pas, répétons-le, de se consacrer à cultiver puis à obtenir un accord populaire autour de l'élaboration de projets (aujourd'hui inexistants), mais d'effectuer une sélection opportuniste des marqueurs de la vie politique, en flattant l'humeur populaire du moment – et en se soumettant ainsi à une contingence maximale.

En suivant une telle logique, la politique contourne en fait complètement la question de la *construction* du consensus, en s'installant là où l'accord du plus grand nombre est *déjà assuré*, c'est-à-dire acquis en tant que sentiment commun : dans le réservoir des malaises partagés, des attentes déçues, des frustrations et du ressentiment croissants. Il y a là un désengagement politique qui est à l'œuvre au sein même de la politique.

La question qu'il convient à présent de poser – avant d'affronter ce qui nous paraît être le problème crucial –, c'est de savoir quel est le sens précis de la relation que la démagogie populiste entretient avec son électorat. Entendons-nous bien sur ce point : aussi mensongère soit-elle, la proximité du populisme avec le "peuple" est avant tout l'expression de la crise des formes traditionnelles de la médiation sociale et politique. C'est une proximité qui, en fait, veut en finir avec les institutions : et c'est précisément en ce sens qu'elle vit de l'immédiateté. Sous toutes ses formes, le langage qui la met en œuvre traduit en effet ce désir de s'épargner le fatigant effort de la négociation entre les divers intérêts qui sont en jeu : ce qu'il doit faire, c'est atteindre les objectifs sans conditions. Voilà pourquoi cette proximité se donne en spectacle. Et du fait de cette spectacularisation, le lieu privilégié de l'action politique ne peut plus se trouver princi-palement dans des institutions telles que le Parlement, car son canal idéal est bien plutôt la communication médiatique : une scène idéale pour faire de l'improvisation.

Disons-le ainsi : si, parmi les raisons historiques de l'affirmation de l'institution parlementaire, il y a la volonté de la bourgeoisie naissante de s'opposer à l'État absolutiste, afin de mettre en valeur un espace où il soit possible de légiférer et de transformer les lois, la démagogie populiste, quant à elle, invente un peuple illusoire ("les gens") comme une force qui à son tour délégitime le Parlement. Et ce, en vertu d'une immédiateté grâce à laquelle la souveraineté populaire se figure être capable de s'affirmer en exerçant ses droits loin de toute opacité, de tout intérêt partisan caché et de tout abus de pouvoir de la part des élites : tel est l'aveuglement avec lequel la politique se berce de l'illusion de pouvoir retrouver une pureté virginale.

Plutôt qu'apolitique, le populisme est alors une télépolitique – précisément dans le même sens où, aux chapitres précédents, nous avons parlé de télétechnique pour désigner ces artefacts qui permettent de communiquer en temps réel, en éliminant l'obstacle de l'espace, c'est-à-dire en abolissant les distances. Privée de médiations, la politique populiste se présente elle-même comme un générateur privilégié d'"interprétations philologiques" de la volonté populaire : comme l'unique force qui soit en mesure de la représenter vraiment.

Mais, pour la comprendre pleinement, on doit maintenant mettre cette immédiateté en relation avec une autre immédiateté, celle qui est aujourd'hui à l'œuvre dans les formes les plus spéculatives de l'économie – qui ne se réduisent d'ailleurs pas au monde de la finance déchaînée. Le populisme contemporain est le double politique de l'immédiateté avec laquelle l'économie spéculative réalise ses bénéfices. Il est la *mimesis* de l'intolérance de cette économie à toute médiation politique. Certes il se présente comme une riposte aux dégâts commis par cette économie sans vergogne, mais il ne fait en réalité rien d'autre qu'en suivre la logique.

Le populisme redouble par son immédiateté l'immédiateté des injonctions économiques ; il adjoint une immédiateté à une autre (bien loin de les "opposer") : il répond à une menace – l'exposition inconditionnelle à l'empire de la spéculation – en en reprenant la perversité. Ainsi la politique elle-même fait-elle sienne l'allergie de l'économie télétechnique à la médiation politique, en imprimant une torsion populiste à ses contenus et à son style de communication. Mais du coup, sans le vouloir, le populisme s'allie avec (et s'aligne sur) les visées hégémoniques d'une économie devenue autonome et indépendante de tout pouvoir qui ne soit pas celui de son action sur le monde. Comment ? En arrachant la société à la politique et à son système de relations communautaires, en dépolitisant la vie des individus, en leur faisant perdre précisément ce caractère qui, pour Aristote, constitue la spécificité de leur genre : être un *zôon politikon*.

Le résultat que la politique et l'économie obtiennent alors – l'une et l'autre en même temps : ce n'est pas dû au hasard –, c'est un rétrécissement de la sphère publique. Elles installent en effet l'illusion que la volonté, les attentes et les désirs peuvent être satisfaits d'une manière immédiate et individualisée, dans le périmètre de vie de chacun des individus – précisément de la même manière que nous sommes invités à acquérir et à consommer sans en avoir les moyens. C'est l'illusion de faire vivre un sujet qui a des prétentions illimitées et qui ignore les bornes imposées par la vie commune. Là où saute la médiation entre *psychè* et *communitas*, c'est aussi la sphère publique qui est détruite et, avec elle, la médiation nécessaire à la socialisation. Nous sommes toujours plus seuls et plus isolés, malgré la pléthore des moyens de communication actuels.

l'idéologie du réel en prise directe

On doit peut-être compter au nombre des plus grandes naïvetés intellectuelles des trente dernières années celle qui a consisté à croire que notre "fin de siècle" coïncidait avec ce qu'un très célèbre petit livre de la fin des années 1970 a appelé « la fin des grands récits ». Entendons-nous bien : quelque chose de cet ordre s'est effectivement produit, qui a tiré sous nos pas le tapis de bien des certitudes sur l'ordre historique du temps humain et sur la façon dont, pour être responsable, vertueuse et prévoyante, une politique aurait dû organiser ses plans d'action.

Ce qui ne s'est nullement vérifié, en revanche, c'est ce qui apparaissait pourtant alors comme le corollaire principal et même comme le bénéfice essentiel du démantèlement des métanarrations que la Modernité avait construites en utilisant l'arsenal catégorial de la philosophie de l'histoire des XVIIIᵉ et XIXᵉ siècles (Liberté, Progrès, Égalité, Prolétariat) : à savoir, la disparition de l'idéologie. Malgré l'insistance avec laquelle la vulgate dominante affirmait triomphalement le contraire, aucune « fin des idéologies » n'a suivi la disparition des métanarrations dans les affaires humaines. On trouvera sûrement des raisons et même des raisons fondées pour soutenir que cette disparition aurait dû permettre de rendre à notre regard sur les choses sa pureté originelle. Mais prétendre que le temps était désormais venu d'une pensée capable de saisir le réel en prise directe, en renonçant à le médiatiser à l'aide de schématisations partisanes, voilà qui a constitué une retentissante méprise. La relation entre les grands récits et l'idéologie n'est que trop évidente, et pourtant la fin des uns n'a nullement entraîné celle de l'autre. Au contraire, comme nous allons le voir à l'instant, cela a donné à l'idéologie une vigueur nouvelle, justement parce qu'il lui est devenu possible d'utiliser le *bouclier du réalisme*.

Comme nous l'avons dit, les arguments en faveur de cette thèse ne manqueront sûrement pas. Il y avait effectivement de bonnes raisons pour présenter comme les deux faces d'une seule et même médaille le déclin des idéologies à forte distorsion du champ de vision et le déclin des grands récits sur la base desquels la Modernité s'est fait une idée glorieuse d'elle-même et de sa vocation à l'émancipation universelle. Cette « médaille » était censée n'indiquer rien de moins que l'évacuation de la Modernité, l'avènement d'une condition existentielle nouvelle, allégée, transparente, capable de se libérer de la pesanteur des fondements, du joug des hiérarchies conceptuelles, et de quelques préjugés intellectuels persistants. Une nouvelle renaissance semblait désormais à portée de main. Dynamisme de la communication, du capital et de la marchandise, amaigrissement de l'État, légèreté de l'économie, libération du travail, fluidité des processus de production : toute une rhétorique de la *désinhibition* qui, au fil des ans, s'est introduite au cœur même de nos comportements, en inspirant des langages, des postures et des modes, au point de remodeler notre expérience même du temps et de l'espace. *Easy style* : telle est la devise qui, justement pour les raisons que nous venons d'indiquer, est appelée aujourd'hui encore à guider nos actes et nos discours, pour que nous puissions profiter de cette actualité que le présent offre aux sujets comme la garantie de leur renouveau et, du même coup, de leur possibilité de réussir.

Dès lors, c'est bien en suivant cette piste que nous pourrons chercher à comprendre comment, en se réorganisant, l'idéologie est justement parvenue à occuper le champ laissé à découvert par l'éclipse des grands récits, en se présentant sous une forme peut-être plus sournoise encore que cela n'était par exemple le cas à l'époque où elle se partageait entre les deux camps opposés de la guerre froide.

La notion qui, peut-être mieux que toute autre, permet de décrire avec une certaine pertinence la nature d'une bonne partie des dispositifs qui façonnent notre actualité, c'est celle d'*immédiateté*. Ce qui se donne dans l'immédiat, c'est l'être sans temporalité, le résultat d'une action instantanée : le départ et l'arrivée "saisis d'un seul coup". C'est le fait de s'offrir, de se présenter ou de s'imposer au sein d'une réalité dépourvue d'intermédiaires et d'intervalles, et indifférente à l'hésitation de l'"entre-temps". Sous le régime de l'immédiateté, toute réalité, quelle qu'elle soit, semble être en prise directe et se déspatialise en se détemporalisant : son chronotope est le *maintenant-ici-n'importe où*. Se produire dans l'immédiateté, c'est se soustraire à l'ajournement, c'est faire l'économie de la mise à l'épreuve que celui-ci nous impose et c'est donc vivre dans les conditions de l'impatience. On a là une variante de cette « neurasthénie » que Georg Simmel, et avant lui Baudelaire, ont déjà su parfaitement saisir au début du développement des grandes métropoles.

On imagine aisément quels sont les avantages de l'immédiateté. Ce sont ceux-là mêmes que nous attribuons à la normativité métronomique du prétendu "temps réel", à ce mirage de toute formule d'efficacité, à ce temps qui s'annule lui-même. Oui, c'est bien cela : le temps « réel » est aujourd'hui le temps qui s'annule lui-même. Sa réalité coïncide paradoxalement avec sa négation. Comme l'aurait dit le Hegel de la *Phénoménologie de l'Esprit*, il s'agit du temps qui montre une « répulsion horrifiée » pour la médiation et qui pense alors pouvoir la supprimer avec ce fameux « coup de pistolet » que lâchent les Romantiques en commençant par l'absolu.

Nous avons chaque jour sous les yeux les figures à travers lesquelles il est possible de saisir la logique de l'immédiateté : dans les modalités de la communication, de l'information, de l'apprentissage, du travail, du profit, de la consommation et, surtout, dans celles de la production du sens – comme nous le verrons dans le dernier chapitre (lequel expliquera entre autres pourquoi nos désirs se présentent de plus en plus souvent comme des besoins dont il est impossible de différer la satisfaction). Mais les inconvénients ne manquent pas non plus, surtout quand on voit la manière dont l'immédiateté intervient comme principe d'organisation de la communication politique. Et nous voilà ainsi ramenés à la question du populisme.

Mais il convient d'abord de dire encore deux mots sur la relation – laissée en suspens – qui existe entre l'immédiateté et l'idéologie. L'idéologie de la fin des idéologies a fait de l'immédiateté son cheval de Troie, en un sens bien précis : à la suite de l'éclipse des métanarrations inspirées par les Lumières ou par l'idéalisme, elle s'est présentée sous les dehors d'un *examen de réalité* – ce que, plus haut, j'ai appelé le « bouclier du réalisme ». Elle l'a fait en nous laissant croire que c'est seulement en étant saisi en prise directe que le réel pouvait donner lieu au cycle vertueux de la croissance. Mais aussi et surtout en nous faisant croire que le réel "en prise directe" était finalement le réel saisi à travers sa vraie légalité – les lois du marché, et rien d'autre –, c'est-à-dire en assimilant le réel à un marché perçu comme l'unique loi de l'histoire, sinon comme l'histoire elle-même.

le théâtre de l'immédiateté et la pathologie de la politique

Comme nous ne nous lassons pas de le répéter, rappelons que le bras armé de cette idéologie, ce sont les télétechniques, c'est-à-dire ces technologies de l'échange de communications et d'informations qui, exactement comme cela se produit pour le "temps réel", *occultent la médiation en se débarrassant de tout intermédiaire*, c'est-à-dire en faisant disparaître le temps et l'espace. Voilà pourquoi nous avons appelé telétechnocapitalisme cette forme d'approche marchande du monde qui, en spéculant sur la possibilité d'établir un accès direct et instantanément profitable à ses ressources, accompagne et consolide l'idéologie de l'immédiateté.

En ce qui concerne ces ressources, qu'elles soient financières, naturelles ou humaines, leur exposition directe au marché et à ses « dures répliques » signifie leur soumission à une loi naturelle impossible à contourner, en vertu de laquelle tout ce qui peut générer des profits (comme tout devrait tendanciellement pouvoir le faire) est mis à portée de main, prêt à l'emploi, disponible pour la consommation – sous peine de sortir du monde, d'être marginalisé et d'être exclu.

Cela étant dit, nous ne pouvons pas ne pas voir comment l'actuelle torsion populiste de la politique n'est pas seulement une manière particulière d'interpréter l'action politique à travers le mouvementisme réactif, mais aussi et surtout l'expression de l'impasse dans laquelle l'idéologie de l'immédiateté a engagé et immobilisé la Politique elle-même. L'idéologie de l'immédiateté ne représente pas l'anti-politique, mais plutôt le symptôme d'une pathologie de la Politique qui se manifeste dès lors que le monde comme objet de son intérêt se transforme en *une ressource disponible en prise directe*. En tant qu'elle réorganise ici la mondanité des relations entre les élites et la souveraineté, l'immédiateté agit comme un puissant vecteur de communications en temps réel qui, comme nous l'avons vu plus haut, court-circuite les traditionnelles médiations institutionnelles et rend obsolètes certains des domaines historiques dans lesquels la souveraineté a été appelée à se représenter. Autrement dit : le théâtre tend à sortir du parlement pour se diriger directement vers la place publique, en revêtant toutes les formes d'interaction immédiate dont celle-ci est aujourd'hui capable.

Quand toutefois cela se produit, personne ne peut plus résister à la logique de la théâtralité, quel que soit son niveau. Une telle résistance devient impossible pour les acteurs politiques, s'ils ne veulent pas sombrer dans l'indifférence de leurs interlocuteurs, mais aussi pour le corps souverain des citoyens : car, répétons-le, en se disposant à suivre un spectacle, ceux-ci tendent inévitablement à perdre leur caractère politique, puisque, au lieu de se reconnaître d'une manière kantienne dans la figure émancipée du *public législateur*, ils finissent par prendre place parmi le *public des spectateurs*, comme de voraces consommateurs de sensations.

On constate ici une régression dont la responsabilité ne peut cependant être imputée au seul populisme. En réalité, le populisme ne fait que reproduire la logique qui est à l'œuvre à chacun des moments de *la chaîne de production de l'immédiateté* : l'information, la communication, l'exécution, la consommation, le profit. Un tel recul ne devrait nullement surprendre ceux qui, récemment, ont pensé que la *realpolitik* était une réponse réfléchie à la naïveté irénique de la « conscience malheureuse » ou à la candeur de la « belle âme » : car, au fond, on retrouve la même conception du réel comme champ de forces normatives immédiatement saisissables, face auquel un opportuniste alignement stratégique est censé constituer la seule réponse payante. Non seulement il ne suffit plus de *penser* le monde, mais il n'y a même plus à le *changer* : il ne s'agit plus que de l'*administrer*.

Ce qui est du coup complètement remis en question, c'est la célèbre possibilité d'émancipation exposée par Kant dans son article de 1784 sur les Lumières. À cette époque (au « siècle de Frédéric »), Kant considérait comme déjà données, ou à tout le moins comme *in nuce*, les conditions nécessaires à une auto-illumination qui devait permettre au public de se délivrer du tutorat déresponsabilisant des « préceptes » et des « formules », « ces instruments mécaniques d'un usage, ou plutôt d'un mauvais usage raisonnable de ses dons naturels »[1]. Car pour le type de vie que doivent mener les *naturaliter maiorennes*, s'éclairer par soi-même, c'est échapper aux fers d'une minorité éternelle, reconnaître comme inaliénable le droit à l'autonomie, briser le joug trompeusement confortable de la délégation des décisions : c'est s'émanciper. Et la condition de possibilité externe d'une telle émancipation, c'est la liberté politique.

Mais que se passe-t-il quand, comme c'est le cas avec la régression populiste, le public ne cherche pas à *s'éclairer par lui-même* mais, tout au contraire, *à se voiler la face de ses propres mains ?* Quel est l'intérêt qui le meut ici ? C'est un intérêt qui, à la différence de ce qu'indiquait Kant, n'est pas principalement lié à la paresse et à la lâcheté (c'est-à-dire à l'avantage qu'il y a à charger un *tutor* et quelques conseillers de la conduite de notre vie), mais bien plutôt à ce que les chapitres précédents ont rangé sous le terme de « fragilisation » : autrement dit aux conséquences d'une exposition qui mobilise toute chose et tout

1. I. Kant, *Réponse à la question : « Qu'est-ce que les Lumières ? »*, trad. fr. H. Wismann, dans *Œuvres philosophiques, op. cit.*, t. II, p. 210.

le monde au service du flux télétechnique de la capitalisation universelle. Et plus se répand cette fragilisation (capacité de tenir sa "place dans le monde"), plus augmentent dans le corps social la nervosité et l'agressivité – qui constituent toutes les deux un excellent bouillon de culture pour le populisme.

L'idéologie de l'immédiateté mondanise la réalité sociale et individuelle (d'où la question "dans quel monde vis-tu?"), selon un processus qui amplifie jusqu'à la démesure la double logique de l'utilité et de la présencialité et qui commande d'obtenir l'une et l'autre en temps réel. Appliquée à la réalité politique, cette double logique se traduit par la recherche de la rentabilité électorale, le calcul des votes et la stratégie opportuniste du consensus – parfaits équivalents de l'obsession spéculative pour une rentabilité immédiate du capital investi sur les marchés.

Puisqu'elle est incontestablement l'expression même de l'impasse dans laquelle se trouve actuellement la *Politeia* (au sens aristotélicien de la réalisation effective du bon gouvernement), la politique populiste ne s'oppose absolument pas à la spéculation économique la plus vorace, comme elle le prétend, car elle est au contraire son alliée : elle répond en effet au mal-être en utilisant les armes mêmes qui l'ont suscité et, ce faisant, elle le démultiplie pour pouvoir ensuite se servir de lui en se présentant comme son remède. Voilà pourquoi nous pouvons qualifier de *télépolitique* cette expression précise de la crise de la souveraineté populaire. Par « télépolitique », nous entendons donc cette forme particulière d'"organisation de la multiplicité" qui travaille à éliminer la distance spatiale (le *télé-*) entre soi-même et les destinataires de ses messages, afin de pouvoir accrocher l'électorat d'une manière aussi immédiatement vorace que la spéculation économique lorsqu'elle se jette d'une manière narcissique sur les ressources et sur tout ce qui est en passe d'en devenir une.

Plutôt qu'apolitique, le populisme est télépolitique, au sens où l'on parle de télétechnique pour désigner ces artefacts qui nous permettent de communiquer en temps réel en éliminant la nécessité de passer par l'intermédiaire de l'espace. C'est une politique privée de médiations, qui se donne en spectacle comme interprétation fidèle de la volonté populaire : elle est l'espace d'une *représentation* désireuse de se présenter comme l'unique garante de *l'acte de représenter le peuple.*

Il faut le répéter : en dépit des apparences, cette politique est aussi éloignée des citoyens qu'on peut l'imaginer, puisque – nous l'avons vu – sa proximité avec les "gens" est purement tactique et vise seulement à exploiter d'une manière irresponsable le mal-être provoqué par la désorientation actuelle. Elle veut s'emparer de ce mal-être pour lui donner la parole et lui offrir un débouché, *en avançant des solutions à portée de main.* Et elle se montre alors aussi irresponsable que l'exploitation inconditionnelle des ressources orientée vers une croissance qui, en dépit de tout, continue de se prétendre illimitée.

Pour la télépolitique populiste, la proximité avec les "gens" est le mensonge qui permet à une totale indifférence envers la *res publica* de revêtir l'apparence de l'attention et de la sollicitude. Pour elle, l'individu et la communauté n'existent pas : ce qui existe, c'est seulement le calcul du profit qu'il est possible de réaliser en transformant en marchandises – c'est-à-dire en instrumentalisant – leur mal-être et la nervosité qui en résulte. Autrement dit, cette politique n'est qu'une forme de volonté de puissance parmi bien d'autres.

Il y a donc aujourd'hui une autoréférentialité de la politique qui reproduit avec ses moyens propres l'autoréférentialité du télécapitalisme, c'est-à-dire le fait que celui-ci échappe à toute *relation de sociabilité* et qu'il veut trouver partout son reflet, en transformant toute chose en objet de son appétit. Son absoluité est alors aussi celle d'une politique où, justement, la prétendue proximité avec le peuple est paradoxalement le signe d'une distance sidérale entre le peuple et la Politique. Cela signifie que, tout comme l'économie, la télépolitique a horreur de la médiation politique et des liens qui menaceraient sa vocation à la domination absolue (comme le soutenait Calliclès). Aussi est-elle bien une politique de la non-politique : une télépolitique.

Pour revenir à notre point de départ, on peut dire que cette télépolitique correspond à une pratique de la flatterie exactement dans le sens que Platon donne à ce terme[1] : elle n'est pas un art, puisqu'il ne semble pas que sa finalité soit de "soigner" le corps social, mais bien plutôt de lui complaire. Aussi sa méthode est-elle celle de l'art oratoire (de quelque niveau qu'il soit), qui est à la justice ce que la routine culinaire est à l'art médical. On se trouve ici dans le domaine de la production des simulacres qui corrompent l'idéalité politique et qui, du coup, entraînent la démocratie dans un processus de dégénérescence. Nous dirons alors, pour reprendre les termes de Platon, que la télépolitique est une « *contrefaçon* » de la politique, sa version mensongère.

Nous allons maintenant essayer d'interroger cette *catastrophe de l'immédiateté* – qui, comme on l'a vu au cours des précédents chapitres, concerne plusieurs domaines (le profit, la consommation, la communication, l'éducation, la politique) – en l'examinant du point de vue de la question du sens. Que signifie-t-elle pour nous ? Quelles sont les dispositions qu'elle promeut ou, inversement, qu'elle interdit ? Quel choix des relations et des valeurs véhicule-t-elle ?

---

1. *Cf.* Platon, *Gorgias*, 463a-b, *op. cit.*, p. 158-159.

chapitre 8
sur le sens

le privilège du sens

L'expérience du sens oscille en général entre un maximum et un minimum d'extension. Elle peut concerner la vie, l'Histoire et la finitude, ou bien une action, un geste et une parole. Mais, dans les deux cas, nous nous trouvons devant un espace où ce qui est inscrit représente plus que son contenu manifeste. Tel est le privilège de cet *être-au-delà* en vertu duquel, au lieu de s'épuiser en elles-mêmes, les choses (les paroles, les gestes, les actions, les objets) s'ouvrent à un *renvoi* qui donne à l'existence la possibilité de *se reconnaître* et, dans le même temps, de *se renouveler*. Cette double faculté – qui permet de confirmer l'image de sa propre identité, mais sans l'immobiliser dans une répétition stérile – est l'un des effets de l'« attribution de sens », c'est-à-dire de ce processus, certainement indépendant de notre volonté, en vertu duquel notre relation au monde échappe à la tentation nihiliste. Là où il y a du sens, l'identité se donne toujours dans le mouvement d'une *réinvention de soi* garantie, si l'on peut dire, par la *certitude de soi*. Plus précisément : il s'agit d'une réinvention qui s'inscrit dans la possibilité d'instaurer une continuité dynamique et donc non répétitive entre le passé, le présent et le futur.

Le sens présuppose toujours une expérience dans laquelle le temps s'affirme en tant que force active qui, comme Walter Benjamin l'enseigne dans ses célèbres thèses sur l'histoire, permet d'une part au passé d'offrir au présent des occasions de dédommagement à partir desquelles il est possible d'imaginer de nouveaux commencements, et qui permet d'autre part au futur d'être plus que la simple réplique, même renforcée, optimisée et universalisée, de ce qui actualise au fur et à mesure nos formes d'existence[1].

De ce point de vue, il n'y a pas de sens sans temps. Nous pourrions même dire que – quand le passé ne se réduit pas à une pure et simple obsolescence, ni le futur à un pur et simple hyperprésent – le temps est la condition même du sens. Une vie, une action ou une parole n'ont de sens que dans la mesure où ils sont susceptibles d'être temporalisés, c'est-à-dire de projeter leur auteur au-delà du cadre contingent dans lequel les vies, les paroles et les actions sont nécessairement amenées à se consumer. Cet *être-au-delà* est alors une conséquence du temps en tant que *durée* : une identité sent ici qu'elle peut résister à l'*oubli de soi* en se percevant elle-même comme une réalité qui n'est pas totalement réductible à sa continuelle et nécessaire "remise à jour" – c'est-à-dire à cette obligation de recommencer à chaque fois depuis le début, comme si rien n'était en droit de valoir en dehors de ce vers quoi nous sommes orientés, d'une manière plus ou moins urgente, dans nos tâches et nos préoccupations quotidiennes. Voilà donc, pour nous qui sommes convoqués et interpellés par la pure contingence, une possibilité supplémentaire.

Le *privilège* du sens consiste donc précisément dans cette possibilité pour le "soi-même" de ne pas se résoudre dans l'immédiateté de son présent. Il est rendu possible par une appartenance qui transcende l'immédiateté. Il n'essaie point

---

1. *Cf.* W. Benjamin, *Sur le concept d'histoire, cit.*, p. 51-84.

d'éluder celle-ci, car il sait ne pas pouvoir le faire, mais il ne la reconnaît pas comme l'unique loi du temps. De ce point de vue, le sens est la non-immédiateté même.

sens et histoire

En philosophie, un exemple de ce que nous avons appelé le « maximum d'extension » de l'expérience du sens se trouve dans les pages de la *Krisis* où Husserl développe l'idée du philosophe comme fonctionnaire de l'humanité[1]. Là sont réunis tous les éléments qui caractérisent un tel privilège. Le monde en tant qu'univers de simples faits, écrit Husserl, ne peut constituer le seul cadre de nos existences. Pour que celles-ci aient un sens, un tel cadre doit être dépassé : mais, pour que cela soit possible, il faut penser l'histoire de la civilisation comme quelque chose de supérieur à la série des dépassements qui dissolvent au fur et à mesure, « comme les ondes fugitives »[2], les productions de l'esprit objectif hégélien. Quelque chose doit pouvoir assigner une unité à la construction, et c'est par la raison qu'est donnée cette possibilité. Le sens et la raison sont donc chez Husserl deux choses intimement liées : s'il y a un déclin de l'idée de la raison comme faculté dotée d'une méthode certaine et évidente – c'est-à-dire de l'idée d'une raison qui ait la même ambition théorétique que cette *épistémè* grâce à laquelle les Grecs pensaient pouvoir amender la *doxa* –, alors c'est aussi la possibilité du sens qui finit nécessairement par s'éteindre. Inversement, il y a sens quand on reconnaît que la tâche de la vie et la tâche de l'Histoire – leur *télos* – consistent dans la progressive instauration d'une humanité fondée en raison. Et pour Husserl cela signifie qu'il

---

1. *Cf.* E. Husserl, *La crise des sciences européennes et la phénoménologie transcendantale*, I, « La crise des sciences comme expression de la crise radicale de la vie dans l'humanité européenne », trad. fr. G. Granel, Paris, Gallimard, 1976, p. 7-24 (p. 23 pour l'expression « Fonctionnaires de l'Humanité »).

2. *Ibid.*, p. 11.

s'agit de tirer de sa latence l'idée de raison universelle, c'est-à-dire l'idée de cette autonormativité apodictique à laquelle seraient destinés par nature la totalité des hommes. Le sens de la vie – que les philosophes, en tant que fonctionnaires de l'humanité, ont pour tâche de rendre manifeste – consisterait tout entier dans cet acte de tendre vers la rationalité authentique, c'est-à-dire vers la compréhension de soi grâce à laquelle l'homme se destine historiquement à une existence réglée par l'apodicticité et, par là même, à une existence libre et responsable. Le sens est alors ici une figure de l'Histoire; il est le fait de se prédisposer à une forme de vie qui, pour l'homme capable de se développer, constitue son pôle idéal éternel, son *entéléchie*[1]. Là donc où il y a du sens, il n'y a pas de répétition. L'existence humaine reconnaît, au-delà de ce qu'elle est, l'idéalité d'une forme de vie supérieure fondée en raison et apodictique dans sa structure normative; elle la reconnaît et elle tend vers elle, en s'affirmant comme vie historique ou comme historicité : il y a quelque chose que la vie est destinée à être, et le sens réside précisément dans cette destination reconnue et assumée comme la tâche propre de la vie.

Comme nous l'avons dit, on est ici dans le cadre d'une expérience du sens où l'extension révélée par ses contenus de référence est maximale : le sens de la vie s'accorde ici au sens – entièrement à révéler – de l'histoire d'une civilisation tout entière; il est la récapitulation d'une tradition – de la tradition grecque, qui a donné naissance à la philosophie – et il est en même temps sa projection vers le futur, il est une tâche et un destin. Une tâche et un destin certes infinis, mais justement capables de donner un sens à la finitude de la vie.

---

1. *Cf.* E. Husserl, *La crise des sciences européennes et la phénoménologie transcendantale*, Annexes, « La crise de l'humanité européenne et la philosophie », *op. cit.*, p. 354.

Nous nous trouvons aujourd'hui aux antipodes de ce type de perspective. Non seulement l'Histoire au sens de Husserl n'existe plus, mais il n'y a même plus trace de la rationalité philosophique "racontée" dans la *Krisis*. Et c'est ainsi l'articulation de l'individuel et de l'universel qui cesse également de constituer une possibilité susceptible d'inspirer l'existence humaine dans sa demande de sens. Mais alors où en sommes-nous?

Avant de répondre à cette question, pour chercher à comprendre à quel sens, ou éventuellement à quelle déviation du sens, l'existence est exposée dans les conditions actuelles d'une mondanité mondialisée qui intègre et désintègre à la fois les divers mondes de la vie, nous devons nous demander de quelle manière l'expérience du sens peut également se présenter avec un minimum d'extension. Il ne s'agit donc plus ici de l'Histoire, ni de la raison universelle, ni non plus de l'infini d'une téléologie appelée à donner une unité à l'existence pratique et théorique, mais bien plutôt du périmètre circonscrit d'un geste ou d'une parole qui ne vont pas au-delà de la signification et des effets suscités par leur donation, sans pour autant renoncer à cette plénitude propre à la "métaphysique" du sens : c'est-à-dire à la possibilité d'une transcendance *à l'intérieur* de la contingence elle-même, ici et maintenant.

le présent du sens

Il y a là l'occasion d'une expérience du sens qui, au lieu de faire signe vers un horizon illimité, a lieu précisément là où la vie est quotidiennement à l'œuvre, dans sa relation avec elle-même, avec son milieu, avec les autres et avec les choses. L'horizon du sens et l'horizon de l'action finissent ainsi par se confondre.

L'*être-au-delà* dont il a été question au début du chapitre n'a alors rien à voir avec le plan de l'Histoire, car il ne joue qu'au niveau du présent, très précisément *hic et nunc*. Il ne s'agit donc plus ici de penser le sens comme une invitation à harmoniser l'existence et sa singularité avec l'universalité d'un ailleurs historico-destinal (la raison, la liberté, l'émancipation). Pour en venir tout de suite à l'essentiel, disons qu'il est le sens vécu dans la quotidienneté pratique d'une existence. Si nous songeons à nous-mêmes, à notre condition actuelle et à l'*habitus* dominant, on aurait affaire ici à une existence désireuse d'aller au-delà de son affirmation individualiste, autoréférentielle et narcissique. La transcendance – si c'est bien de transcendance qu'il s'agit – est ici une transcendance de l'individu par rapport à lui-même : l'unique "au-delà" imaginable en l'occurrence. Elle est ce qui survient quand les autres, les choses et les segments de monde auxquels nous avons affaire acquièrent une valeur qui excède leur statut de simples occasions offertes à la réalisation de nos projets d'affirmation et d'expansion – qui ne sont les "nôtres" que dans le sens d'une subjectivité monadique poussée (pour les raisons examinées dans les pages précédentes : la désorientation, la peur, la fragilisation) à se replier sur elle-même.

La responsabilité, la collaboration, la solidarité et l'écoute peuvent alors devenir les vecteurs d'une expérience du sens qui reste contenue dans les marges de l'activité d'un sujet disposé à se confronter aux carences, aux injustices et aux inégalités – en un mot : à la souffrance – du milieu dans lequel il agit. Dans son comportement, un tel sujet va transcender un puissant processus de subjectivation qui, pour d'excellentes raisons bien sûr, persiste à faire en sorte que toute possibilité d'identification identitaire passe par la consommation, le pouvoir d'achat, la visibilité et l'exhibition. En renonçant à le suivre, le sujet interrompt ce processus pour remplacer l'irresponsabilité cynique par la responsabilité, la compétition par la collaboration, l'hostilité par la solidarité et l'indifférence par l'attention. Tel est le sens d'un sujet qui, pour ainsi dire, contourne les raisons de son assujettissement au *mainstream* pour affirmer une autre relation avec le monde.

Avec cette extension minimale qu'a le sens quand c'est dans sa quotidienneté circonscrite qu'un sujet reconnaît d'autres raisons de vivre, c'est bien "un autre monde" qui surgit. Certes ce « monde » est circonscrit et très fragile, car il peut disparaître exactement comme il est apparu : à l'instant même où cette figure du sens serait contrainte de s'effacer en raison du caractère habituel (et donc de la force) d'un système de valorisation qui, comme on l'a dit, hypertrophie la subjectivité aux dépens de l'intersubjectivité, au point que même l'extension du "réseau des relations" tissé sur les *social networks* ne correspond finalement, en réalité, qu'au pur et simple désir d'un renforcement supplémentaire du soi.

En quoi consiste d'ailleurs ici la "question du sens" – du sens qui se perd lui-même –, sinon dans l'expérience de son intermittence, c'est-à-dire dans l'expérience par laquelle, après y avoir échappé, un sujet cède de nouveau à l'assujettissement ordinaire par nécessité, par intérêt ou par opportunisme? En ce cas, le monde redevient essentiellement un simple ensemble d'occasions individualistes, où tout ce qui existe cherche à se faire apprécier et à se faire valoir en fonction de sa plus ou moins grande capacité à faire la promotion d'objets, de messages et de sujets.

Il n'y a plus alors d'autre "monde" que celui qui ne fonctionne que pour une publicité illimitée, où l'accroissement de la production, de la distribution, de la consommation et du profit met en scène le spectacle de son insoupçonnable vérité (qui est la condition et l'objectif de la vie sociale), en dessinant habilement (avec un mélange de séduction et de coercition tout à la fois) une très puissante objectivation de l'existence.

l'innovation conservatrice

Qu'en est-il alors du sens, dans ce monde privé de "son autre" ?

Certes nous pouvons demeurer au cœur même d'un surprenant processus d'innovation, et vivre activement et impatiemment les nouveautés qui chaque jour subvertissent ce qui a pu être tenu pour acquis : mais si l'horizon de cet événement est encore et toujours uniquement la possibilité de consommer ce qui survient, et donc la répétition infinie d'une même logique de la promotion, alors ce que nous appelons innovation est en réalité un facteur de conservation. Et c'est justement cette logique qui instaure un monde orphelin de « son autre ». Mais, encore une fois, est-il possible pour le sens de se constituer à partir de cette mobilité immobile ?

Considéré comme une entreprise de *promotion* infinie, avec toute la mobilisation que cela implique en termes de production et de consommation (là où la consommation est encore possible), le monde est un puissant prescripteur d'orientations. Il est en effet en mesure de polariser les désirs, les ambitions et les besoins sur des objets et des projets innovants, et donc de susciter des parcours de vie affairés, c'est-à-dire tout entiers occupés à satisfaire, dans le minimum de temps possible et avec le maximum d'efficacité possible, les exigences de ces objets et de ces projets au fur et à mesure qu'elles se présentent.

Pour les sujets, il s'agit là de la condition même de leur capacité de « rester à jour ». Et en raison de cette permanente remise à jour, nos journées deviennent « intenses » et accélérées car elles manquent de temps. On n'a pas affaire ici au vide nihiliste, mais bien plutôt à la plénitude boulimique d'un espace qui ne cesse d'encadrer nos existences, en nous indiquant quels sont les objectifs à poursuivre et quels sont les obstacles à écarter, fût-ce au prix d'une saturation (d'un *burn out*) de notre aptitude à l'"auto-entrepreunariat".

Il y a toujours quelque chose à viser, quelque chose à poursuivre, mais aussi et surtout *quelque chose qu'on ne doit pas laisser nous rattraper* (à savoir les divers spectres de l'exclusion sociale). D'une certaine façon, on en vient même à se demander s'il peut vraiment y avoir une crise du sens dans cet hyperactivisme généralisé qui ne prévoit ni suspensions ni arrêts, mais seulement une mobilisation incessante. Finalement, le sens ne correspond-il pas ici précisément aux directions qui orientent la vie, en faisant en sorte qu'elle soit ce qu'elle peut être, étant entendu que son seul mode d'être est cet activisme hypertrophié? Mais qu'en est-il du vide qui se trouve ainsi passé sous silence?

Quand nous nous demandons à qui peut bien profiter tout cet hyperactivisme, c'est-à-dire *quel sens il peut bien avoir*, quel dysfonctionnement voulons-nous donc signaler, sinon celui d'une culture qui fait du sens une simple question contingente de conjoncture?

Le problème porte alors précisément sur la nature de cette mobilisation, sur *son sens* : autrement dit, sur sa capacité ou non d'instaurer une transcendance qui puisse permettre au sujet de sortir de la *répétition de soi*, en expérimentant des *praxeis* de vie qui, au lieu de consommer le temps, puissent le rénover ou même le créer – et qui, ce faisant, puissent libérer l'innovation de son actuelle obsession productiviste, de ce mécanisme qui (on l'a dit), en dépit des apparences, transforme l'innovation en un facteur de conservation (à l'instar du devenir sans avenir de Nietzsche) et de fermeture à toute perspective radicalement divergente par rapport à la prétendue neutralité des relations commerciales "spontanées" et "naturelles".

C'est donc à travers l'expérience actuelle du temps que nous souhaitons à présent affronter la question du sens. Partons alors de deux évidences : d'une part, le fait que "nous n'avons jamais le temps" et d'autre part, pour reprendre les pistes déjà suivies dans les chapitres précédents, l'irruption du prétendu "temps réel" dans la vie de tous les jours.

le temps en fuite

Que signifie donc le fait de ne pas disposer de temps, de vivre dans une hâte perpétuelle? Au-delà de la perception immédiate – celle d'une multiplication des sollicitations et des responsabilités, à la fois désirées et redoutées, et auxquelles il est impossible d'échapper –, le fait de ne pas avoir le temps constitue une configuration particulière de la vie, dans laquelle l'esprit et le corps établissent une relation privilégiée avec l'immédiateté : tout est censé être produit, promu, demandé, obtenu et consommé à l'instant même. Mieux encore : c'est l'existence elle-même qui est appelée à se résoudre dans l'instant. Voilà pourquoi elle se confronte avant tout avec une succession rapide et décousue de "maintenant" : maintenant ceci, maintenant cela, maintenant autre chose encore. Ne pas avoir le temps constitue donc une élision réitérée du temps et signifie moins son absence que son perpétuel effacement. L'accélération qui en résulte – et qui, dans les pires des cas, nous met en retard sur tout – épargne le présent dans sa dynamique temporelle. Elle l'éternise, même, grâce à une mobilisation qui est destinée à nous faire passer sous silence son immobilité. Afin de pouvoir rester solidement fondé sur son principe – l'économie de marché capitaliste –, ce présent met en branle et en mouvement des sujets et des objets, en programmant l'obsolescence de leurs fonctions, pour les appeler ensuite à une incessante *renovatio*.

Non seulement le monde que nous avons devant nous n'est plus un monde historique, mais ce n'est même plus un monde susceptible de le devenir, malgré les innombrables formes de fluidité qui dynamisent, en les réorganisant d'une manière ininterrompue, nos pratiques de production et de communication. Tout se transforme rapidement, mais, du coup, ce vers quoi je me tourne avec intérêt ou avec appréhension, ce sont toujours et uniquement les contenus et les effets de cette transformation, tandis que sa raison même – ou son moteur – demeure au contraire immobile parce qu'elle échappe au travail du temps et du doute. Confrontés comme nous le sommes aujourd'hui au "maintenant", absorbés par ses urgences, nous finissons inévitablement par fixer *ad aeternum* le monde dans son actuelle logique de reproduction : à savoir dans l'extension de la marchandisation à la totalité des espaces et des relations. Le présent actuel se libère donc du travail historique du temps à travers l'impératif de l'innovation. Ce qui signifie qu'il se décharge, en la rejetant hors de lui-même, de cette obsolescence qui est pourtant son destin d'après la loi inexorable du temps. Le présent peut ainsi « ne pas passer » dans la mesure même où tout le reste doit être soumis à un vieillissement accéléré sans lequel le sens de l'innovation et la vitalité dont les objets et les sujets cherchent à faire étalage ne seraient pas possibles.

Le *maintenant*, l'*instant* et l'*urgence*, érigés en règles, imposent au sujet une identification totale avec le présent. Quand la *praxis* ne reconnaît plus rien en dehors de leur appel, alors l'immédiateté devient l'image même d'un temps qui remet les compteurs à zéro au profit de ce que, dans son devenir autarcique, ce même présent instaure justement comme l'unique espace où il faille appeler les sujets à faire leurs preuves (pour le meilleur ou pour le pire). Rater le *maintenant*, l'*instant* et l'*urgence*, c'est alors manquer le rendez-vous avec soi-même et avec les choses. Sous le régime de l'immédiateté, la proximité avec le monde est telle que toute perspective de longue durée s'en trouve bouchée, car l'accélération qui découle d'un tel régime absorbe l'extension du temps tout entière. La seule *protension* qu'il puisse encore y avoir, c'est celle qui est à l'œuvre dans le dynamisme rendu possible par cette accélération pour laquelle rien ne sera de toute façon jamais assez rapide et assez performant. Voilà pourquoi on ne réussit plus à envisager d'autre finalité que l'exigence d'en passer par ce que l'immédiateté présente comme le milieu d'essai de la valeur (avec comme seule alternative la possibilité d'atteindre ou de manquer l'objectif), pour un sujet qui doit constamment s'employer à s'assurer les moyens de son propre développement. Être ainsi "adossé à la réalité", c'est affronter les choses avec un regard dépourvu de toute mise en perspective. Car un monde où tout est en mouvement peut fort bien être lui-même un monde privé de mouvement, un monde congelé par la répétition infinie de ses logiques de reproduction et qui, pour pouvoir "se répéter" à travers elles, a précisément besoin d'un tel mouvement.

L'absence de perspective rendue effective par l'immédiateté, c'est-à-dire l'aplatissement au niveau des données – qui n'est rien d'autre qu'une manière de convoquer les sujets devant la réalité –, traduit notre incapacité à regarder le monde actuel comme un *futur du passé* et, dans le même temps, comme un *passé du futur*. L'absolutisation de notre présent implique en effet ce décrochage par rapport au *continuum* temporel qui fait que le présent ne reconnaît plus avoir la moindre dette envers le passé, puisqu'il a innové là où il fallait innover, développé ce qu'il fallait développer, et surmonté ses insuffisances et son inefficacité en éliminant ce qui devait être éliminé. Pour ce qui est du futur, en revanche, le présent est ce qui sans cesse l'actualise à travers l'innovation : il est sa garantie et sa condition de possibilité mêmes. Aussi n'y a-t-il aucune raison de dépasser le présent : pourquoi donc faudrait-il le sacrifier au profit de quelque chose qu'il est lui-même parfaitement en mesure de produire à partir de ses propres ressources ?

Tout cela ne constitue pas cependant une ouverture vers le futur *comme possibilité de l'affirmation d'une divergence*, mais seulement la répétition d'une identité : ce n'est que le *futur du présent*. Dans ces conditions, le temps est privé de tout horizon. Et dès lors, en dépit des apparences, vivre dans l'immédiateté signifie vivre dans la répétition de soi et se priver de cet *être-au-delà* qui fait que l'existence n'est pas seulement un espace d'expérience, mais aussi un horizon d'attente.

chronotechnique

L'immédiateté trouve dans le prétendu "temps réel" son principal allié. L'expression n'aurait pu être mieux trouvée : le temps « réel » est en effet aujourd'hui le temps qui travaille à son propre anéantissement. Réagir "en temps réel" équivaut à éliminer la diachronie en affirmant la synchronicité : cela revient à réduire le plus possible la médiation de la durée. En ce sens, le « temps réel » est également une modalité du traitement de l'espace : une géographie de l'inutilité de la topologie. En effet, du point de vue des interactions, nous nous trouvons alors en même temps et indifféremment *ici* et *là*. De même que la "technique du lointain", c'est-à-dire la *télé*technique, est le support d'une logique de la suppression des distances, de même est-elle également le support d'une logique de la suppression de l'intervalle temporel. Aussi la télétechnique est-elle toujours aussi une chronotechnique. L'*ubiquité* et l'*instantanéité*, la déterritorialisation et la détemporalisation, la télétechnique et la chronotechnique sont les vecteurs d'un pouvoir de convocation des informations et des prestations que le temps réel rend effectif grâce au fait que l'urgence devient la norme. "Convoquer" signifie ici *mobiliser*, assurer une mise à disposition pressante, indifférenciée et illimitée des objets et des sujets, dans laquelle *valeur* et *ressource* finissent par se confondre : cela seul a de la valeur qui, en termes de production, peut être converti le plus rapidement possible en une ressource.

Voilà comment la mobilisation instaure un mode de relation privilégié avec le monde. Ce qui n'est ni *mobilisable* ni *mobilisateur* entre dans une zone d'ombre – puisque la mobilisation est le critère principal qui permet non seulement aux sujets d'entrer en contact avec les objets, soit en les accueillant soit en les repoussant, mais aussi aux objets de disposer des sujets en sélectionnant leurs usagers. En tant que mesure de l'immédiateté, le temps réel mobilise les sujets et les objets grâce à son extraordinaire capacité de *convoquer ici et maintenant* la productivité matérielle et immatérielle, c'est-à-dire de la convoquer indépendamment du lieu où se situent ses sources. Mais peut-il être vraiment "réel", ce temps où la demande et la réponse, la cause et l'effet, le désir et la satisfaction se présentent simultanément ?

Une vie vouée au temps réel, de quelle "mondanité" relève-t-elle donc ? Quelle relationnalité peut-elle instaurer ? Elle relève tout à la fois d'une "mondanité" de la transition et de l'hyperconcentration. D'une mondanité de la transition, parce que la convocation par le temps réel et la force de mobilisation de cette convocation soustraient aussi bien la production que la consommation au *continuum* de la durée. Ainsi ce qui est toujours tendanciellement en jeu, c'est la rapidité d'une activité qui s'épuise dans la tâche à laquelle elle est vouée, pour renaître ensuite en étant soutenue par d'autres compétences quand une autre tâche pointe le bout de son nez – et il y a toujours de nouvelles tâches qui pointent le bout de leur nez. Telle est la *mondanité de la réforme continue*. Mais en ce sens elle aussi une mondanité de l'*hyperconcentration*, puisque le temps "réel" finit par être le temps qui se résout lui-même dans l'instant de la convocation et dans ce sur quoi celle-ci met successivement l'accent. C'est une mondanité de l'investissement discontinu. Le type de relations qui en découle relève de l'épisodique : nous nous trouvons dans le présent qui nous convoque en fonction de l'intérêt du moment, mais notre passage d'un présent à un autre ne confère à notre vécu aucune continuité. Car cette même obsolescence qui condamne sans répit la vie des objets frappe aussi les ressources nécessaires à la mobilisation des sujets ici et maintenant. Et c'est pourquoi cette mobilisation est aussi obsédée par l'impératif de l'innovation et de la remise à jour. Pour pouvoir exister au sein du système de connexions réticulaire, la vie doit se *déshistoriciser*, c'est-à-dire *se représenter* en fonction de la manière dont l'instant décide conjoncturellement de l'appeler à lui. Répétons-le donc : tout notre être s'épuise dans ce que le présent sélectionne à chaque fois comme la ressource d'une urgence qui vise à débloquer des réponses foudroyantes et globales. Sans compter les cas, toujours plus fréquents, où c'est bien au sens littéral que les pressions exercées par le présent finissent par *épuiser* les sujets.

l'instabilité du sens

Peut-être le problème du sens est-il aujourd'hui visible précisément là où l'épuisement ponctuel des ressources d'un sujet susceptible de se renouveler télétechniquement et chronotechniquement – c'est-à-dire *où* et *quand* il le faut – finit par s'étendre à l'ensemble de son existence elle-même, traduisant alors une exténuation de la vie et de sa capacité de renouvellement. La frontière entre les deux formes d'épuisement est, dans les conditions actuelles, extrêmement floue, car le fait de *se plonger* dans l'urgence finit par dériver avec une préoccupante facilité vers une *plongée* de l'existence dans un espace où rien – aucune occasion, aucun affect, aucun devoir et aucun plaisir – ne se montre plus en mesure d'ébranler l'inhibition de la motivation. Tout cela a en tout cas une signification bien précise : il y a une limite à la dispersion de soi.

Vu sous cet angle, le problème est celui de la rapidité avec laquelle le sens peut aujourd'hui se transformer en son contraire. Et, très probablement, c'est justement cette rapidité qui nous suggère comment un sens constamment suspendu au néant peut être aussi fragile alors même qu'il est si extrêmement directeur.

Il semble difficile d'imaginer, sauf en termes pathologiques, des *formes* de vie entièrement construites à partir du non-sens, car ce qui leur ferait alors défaut, c'est la « forme » elle-même, c'est-à-dire les contours mêmes de leur capacité de se reconnaître elles-mêmes : autrement dit, cette certitude de soi qui, bien que d'une manière discontinue, permet aux individus de se réfléchir dans leur *praxis* et de mesurer précisément par rapport à cette *praxis* l'étendue de leurs éventuels écarts.

La situation actuelle nous semble devoir être plutôt décrite comme la généralisation d'un dispositif dans lequel les possibilités de s'orienter se révèlent tellement limitées – malgré le catalogue et la puissance des moyens d'orientation qui nous sont offerts – et tellement ciblées par ce qu'on peut bien appeler dorénavant *la logique présentiste de la convocation*, qu'il en résulte moins l'existence d'un horizon privé de sens que, bien au contraire, l'existence d'*un sens privé d'horizon*. Et c'est justement de là que vient son instabilité. Cette existence sans horizon constitue en quelque sorte la réalité même d'un sens qui reste uniquement capable de fixer des objectifs stratégiques ponctuels, comme le montre le développement actuel de la technique du *management* et du *marketing*, mais qui est totalement désemparé quand il s'agit d'indiquer une direction générale.

Or un sens privé d'horizon ne peut que s'orienter par rapport au présent. Il doit fonder sa temporalité déshistoricisée sur la capacité du présent à s'affirmer d'une manière répétitive comme incessante succession d'innovations, et à faire ainsi de l'innovation la *forme même de la transcendance* – ou, mieux encore, la seule forme de transcendance possible.

Mais, comme on l'a vu, cette affirmation répétitive du présent à travers l'innovation est précisément ce qui, en réalité, fait obstacle à la transcendance, puisqu'elle n'est tout au plus capable que d'en engendrer un simple simulacre. Et c'est précisément à travers un tel simulacre que l'existence actuelle trouve tout à la fois les raisons d'une affirmation satisfaite de soi et les raisons d'une amère négation de soi. Le sens et le non-sens, l'affirmation et la négation, finissent ainsi par n'être que deux simples figures *du présent* – de ce présent pour qui aucun projet et aucune innovation ne peuvent valoir que comme confirmations de sa puissance de régénération. Et quand l'*horizon* de la vie se réduit à la seule *étendue* du présent, c'est la possibilité même du sens qui dépend des réactions, affirmatives ou négatives, de ce présent à la vie active. Voilà pourquoi nous sommes constamment guettés par la crise du sens.

Certes, la figure du *sens dépourvu d'horizon* pourrait n'être qu'une métamorphose de plus dans l'histoire de la succession des formes du sens, et l'expérience de sa disparition pourrait n'être « que » le vécu individuel d'une défaite : mais *quel sens est-ce donc* que celui qui, à force d'incessantes orientations et réorientations de la formation, des affects, des relations et des prestations, finit par perdre l'*être-au-delà* du temps pour ne plus voir que le présent et ses injonctions ? Et *quel sens peut donc avoir* une existence pour laquelle le temps social n'est plus que le miroir où elle cherche à scruter les signes de son propre succès ou de son propre échec ?

Plus encore que du sens (aux variations infinies), c'est alors de cet *être-au-delà* lui-même que notre condition actuelle s'est rendue orpheline.

table des matières

Dépôt légal : février 2018
IMPRIMÉ EN FRANCE

Achevé d'imprimer le 8 février 2018
sur les presses de l'imprimerie *La Source d'Or*
63039 Clermont-Ferrand
Imprimeur n° 20052N